山东省农业科学院

农业科技创新工程（2016—2018年）实施情况报告

张 正　孙万刚　赵海军　主编

中国农业科学技术出版社

图书在版编目（CIP）数据

山东省农业科学院农业科技创新工程（2016—2018 年）实施情况报告 / 张正，孙万刚，赵海军主编 . —北京：中国农业科学技术出版社，2019. 6

ISBN 978-7-5116-4270-7

Ⅰ. ①山… Ⅱ. ①张…②孙…③赵… Ⅲ. ①农业技术-技术革新-研究报告-山东-2016-2018 Ⅳ. ①F327. 52

中国版本图书馆 CIP 数据核字（2019）第 120766 号

责任编辑 白姗姗
责任校对 李向荣

出 版 者 中国农业科学技术出版社
北京市中关村南大街 12 号 邮编：100081
电 话 （010）82106638（编辑室） （010）82109702（发行部）
（010）82109709（读者服务部）
传 真 （010）82106650
网 址 http：//www.castp.cn
经 销 者 各地新华书店
印 刷 者 北京建宏印刷有限公司
开 本 787mm×1 092mm 1/16
印 张 11. 5
字 数 220 千字
版 次 2019 年 6 月第 1 版 2019 年 6 月第 1 次印刷
定 价 98. 00 元

版权所有 · 翻印必究

《山东省农业科学院农业科技创新工程(2016—2018年)实施情况报告》

编　委　会

总策划　周　林　万书波　张立明

主　编　张　正　孙万刚　赵海军

副主编　王传增　宋景华　隋　洁

编　委（以姓氏笔画为序）

丁照华　王玉涛　王俊峰　亓丽红

刘　军　刘文光　孙　伟　李　俊

李娜娜　杨伟强　张　勇　陈　莹

范仲学　周庆新　房　峰　封文杰

贾春林　曹新有　董　亮　蒋锡龙

褚幼晖

材料提供单位

1. 山东省农业科学院作物研究所
2. 山东省农业科学院玉米研究所
3. 山东省农业科学院农业资源与环境研究所
4. 山东省农业科学院植物保护研究所
5. 山东省农业科学院农业质量标准与检测技术研究所
6. 山东棉花研究中心
7. 山东省农业科学院科技信息研究所
8. 山东省农业科学院蔬菜花卉研究所
9. 山东省农业科学院农产品研究所
10. 山东省农业科学院畜牧兽医研究所
11. 山东省农业科学院家禽研究所
12. 山东省农业可持续发展研究所
13. 山东省农业科学院生物技术研究中心
14. 山东省农作物种质资源中心
15. 山东省水稻研究所
16. 山东省葡萄研究院
17. 山东省农业机械科学研究院
18. 山东省农药科学研究院
19. 山东省蚕业研究所
20. 山东省花生研究所
21. 山东省果树研究所

前　言

2013 年 11 月 27 日，习近平总书记视察山东省农业科学院并作出“农业的出路在现代化，农业现代化的关键在科技进步和创新”“给农业插上科技的翅膀”等重要指示。为深入贯彻落实习近平总书记重要指示精神，科技支撑山东农业新旧动能转换和乡村振兴战略实施，山东省农业科学院党委提高政治站位，强化责任担当，向山东省人民政府呈报了《关于推进科研体制改革　实施“农业科技创新工程”试点的请示》，2015 年 12 月 31 日，山东省人民政府第 69 次常务会议研究通过了《“农业科技创新工程”试点实施方案》，省财政每年给予稳定支持，这是全国首个省级农业科技创新工程。2016 年经省政府委托中国工程院对农业科技创新工程实施方案和配套管理办法的咨询论证后进入实施阶段。2018 年农业科技创新工程写入中共山东省委一号文件和《山东省乡村振兴战略规划（2018—2022 年）》，成为山东省加快科技创新服务农业强省建设的重要组成部分。

农业科技创新工程以习近平总书记视察山东重要讲话和重要指示批示精神为指引，紧紧围绕贯彻落实国家农业科技战略布局和山东省委省政府关于农业工作的重大部署，立足农业发展实际需要，坚持问题导向和产业需求，以突破产业重大核心技术和创建乡村振兴齐鲁样板为核心，以优势特色创新团队建设为重点，深化科技管理改革，探索建立财政稳定支持与适度竞争相协调的农业科技创新机制，建立差异化分类考评机制，激发人才创新活力，提高创新效率和创新质量。聚焦解决农业长远发展和制约农业供给侧结构性改革的重大科技问题，坚持开放合作协同创新，加强与中国农业科学院科技创新工程的战略合作，聚集省内外优势科技力量，重点组织实施了农业科技基础性工作、产业重大技术创新、基础理论研究和农业成果集成示范四类主体任务，重点突破制约产业转型升级的重大关键技术瓶颈，打造全产业链条提质增效和区域农业整体解决方案，打通创新研究与服务产业之间的通道，持续提升科技自主创新能力和产业支撑能力，更好地给农业插上科技的翅膀，为加快山东农业新旧动能转换、打造乡村振兴齐鲁样板和推动山东农业走在全国前列提供有力的科技支撑。

农业科技创新工程2016—2018年取得了显著实施成效，农业技术创新成果呈现趋增态势，在品种培育、种养模式、产品创制等方面取得了一批拥有自主知识产权的重大科技成果，建立了一批引领性农业科技示范样板，创造了显著的社会经济生态效益，为山东乃至黄淮海区域农业转调升级提供了有力的科技支撑，创新成果和服务产业经验得到了省委省政府的充分肯定，《人民日报》《科技日报》《农民日报》等主要媒体进行了宣传报道。本书按照团队解决的关键科技问题—创新成果—产业应用典型的思路撷取部分研究成果予以编辑，以供互相交流学习，共同提升服务乡村振兴的能力与水平。

目　　录

山东省农业科学院农业科技创新工程简介

一、实施背景

为全面贯彻党的十八大和十八届五中全会提出的创新驱动发展战略和五大发展理念，深入落实习近平总书记关于“三农”工作和视察山东重要讲话精神，在省委省政府的关心支持下，2016年启动实施了山东省农业科学院农业科技创新工程。创新工程以服务农业供给侧结构性改革、加快山东农业新旧动能转换和打造乡村振兴齐鲁样板为目标，遵循农业科技创新规律，探索农业科研体制改革新机制，着力解决制约山东农业发展的重大技术瓶颈问题，为提高农业质量效益和市场竞争力提供强有力的科技支撑，加快农业强省建设。

二、总体思路

以习近平总书记视察山东重要讲话和重要批示精神为指引，牢牢把握“一个定位、三个提升”，紧密对接“两区一圈一带”区域发展战略，根据全省农业科技创新总体布局，衔接国家和省科技计划，坚持问题导向，管理上强化改革，科技上突出创新，遵循“稳定创新任务—稳定科研团队—稳定支持政策—调活运行机制”的思路，探索建立财政稳定支持与适度竞争相协调的农业科技投入机制，激发人才创新活力，提升科技创新能力，形成研究积累和重大突破，推动实现科技与市场融合、创新与产业对接，更好地给农业插上科技的翅膀，促进山东农业继续走在全国前列。

三、主体任务

根据山东农业发展实际，按照着眼于解决农业发展长远问题和解决当前产业突出矛盾相结合的基本思路，突出重点，集中力量，有序推进四类任务实施。

1. 农业科技基础性工作

重点加强农业科技长期性、公益性、战略性的农业生物种质资源收集保护、农业资源环境长期定位监测、农产品质量安全长期定位监测、农村农业信息化综合服务平台、农业科技决策咨询等基础性工作。

2. 产业重大技术创新

主要聚焦粮食安全、农产品质量安全、生态安全和供给侧结构性改革等重大科技问题，突破制约产业转型升级的重大技术瓶颈，充分发挥科技的引领支撑保障作用。

3. 基础理论研究

主要瞄准农业学科前沿和国际热点研究领域，围绕重大关键技术创新和重大产品创制开展前瞻性、前沿性应用基础理论研究，提升原始创新能力和水平。

4. 农业成果集成示范

主要通过全产业链提质增效和区域农业整体解决方案形式，打通创新研究与服务产业之间的通道，实现工程创新成果快速转化为现实生产力。

创新工程实施坚持有序推进，2016—2017 年为试点期，2018—2020 年为推进期，2021 年以后持续期。

四、主要做法

坚持以创新、协调、绿色、开放、共享新发展理念为指导，深入贯彻国家和省深化科技机制改革的新精神，进一步完善农业科研组织方式和协同攻关机制，积极探索以解决农业产业问题为目标、以团队协同创新为特色、以提高创新效率为导向、以加快成果转化应用为落脚点的农业科研创新新机制，推动山东农业科技自主创新水平大幅提升，有力支撑农业强省建设。

1. 坚持问题导向原则

建立“以问题定任务、以任务建团队、以团队促发展”的科研组织模式，重点聚焦政府关心、产业亟须和农民关切的问题，切实解决过去科研生产“两张皮”、科研创新“小作坊式”，科技成果“碎片化”问题，大力推进科研创新“接地气”、科技攻关“大协作”、科技成果“集成化”，真正把成果应用到千万家，把论文写在大地上。

2. 建立财政稳定支持机制

建立“稳定创新任务—稳定科研团队—稳定财政支持—调活创新机制”的科研管理机制，促进科研人员由过去将主要精力用在“写本子、跑项目、要经费”，转变到现在聚焦“找问题、建团队、搞创新”上来，将工作重心放在拿出管用技术成果和服务全省农业经济发展上。

3. 建立开放协同创新机制

根据创新任务研究需要，立足更好地服务全省农业供给侧结构性改革和农业产业转型升级，鼓励跨单位、多学科组建高效任务团队，充分发挥国家农业科技创新联盟和山东省农业科技创新联盟的作用，深化与中国农业科学院的战略合作，集聚省内外优势科研力量，形成农业开放合作、协同创新的科研新机制。积极吸纳国家和省级重点农业龙头企业、农业专业合作社、家庭农场等新型农业经营主体参与农业成果集成示范任务实施，实现科技成果从产出者到应用者的渠道畅通，打造一批可借鉴、可复制的典型示范样板，促进地方优势特色农业主导产业发展壮大。

4. 建立差异化分类考评机制

针对不同任务类别和产出特点，分类制定科学考评指标体系，改变传统重点评价论文专利成果数量而轻视创新质量、原创价值和实际贡献的弊端，探索建立体现职责定位、注重创新质量、凸显转化效果、反映绩效贡献的新型激励约束机制，根据考评结果调整团队成员，实行“能上能下，能进能出”的团队动态管理模式，依据创新团队创新质量兑现绩效奖励，发展快先支持、发展好多支持，充分调动科研人员的创新积极性。

五、实施成效

1. 农业重大技术创新成果呈现趋增态势

在创新工程的支持下，山东省农业科学院取得一批拥有自主知识产权重大科技成果，带动山东省农业科技自主创新能力明显提升。近三年山东省农业科学院获得国家与省部级科技奖励 140 余项，承建省部级农业科技基础条件平台 30 项，开创了山东省农业科学院科技创新事业的新局面。支撑培育发展了天敌昆虫、都市农业、海水农业等 5 个新兴学科；引进培养泰山学者 10 人；在服务产业方面，通过国家或省审定新品种 115 个，有 27 个品种和 38 项技术被列为国家或省主导品种和主推技术，为山东乃至黄淮海区域农业转调升级提供了有力的科技支撑，创新成果和科技服务经验得到《人民日报》《科技日报》《农民日报》、山东电视台等主要媒体的宣传报道。

2. 支撑农业供给侧结构性改革更加有力

立足服务农业供给侧结构性改革，山东省农业科学院在品种培育、种植模式、特色农产品等方面取得新突破。在保障粮食安全方面，新培育的小麦品种“济麦 229”多项品质指标优于目前主推的强筋小麦品种，成熟期较济麦 22 早 2~3 天，较对照增产 9.74%，是近十多年来山东省增产幅度最大的一个优质强筋小麦新品种。在种植业结构调整方面，创建的“玉米花生宽幅间作技术”，在保障玉米基本稳产的条件下，实现亩增收花生 120~180 千克，亩增收优质饲草花生秸秆 120~180 千克，较传统“小麦—玉米”种植模式化肥农药亩投入减少 10%以上，亩效益增加 500 元以上，稳粮增油和生态环境效果显著，为机械化条件下解决我国粮油协调发展问题探索出了一条新路径。在地方特色农产品提纯复壮方面，建立了国内唯一、世界上规模最大的种公驴站，完成了国际首例驴全基因组测序，并利用 DNA 分子鉴定手段从源头把控质量，助推阿胶产业发展。立足绿色发展，组建了天敌与授粉昆虫研究中心，牵头成立了“国家天敌昆虫科技创新联盟”，目前天敌昆虫（赤眼蜂）和授粉昆虫（熊蜂）规模化繁育与示范应用技术已经成熟，玉米螟卵寄生率达 94.25%，是迄今为止有关大面积释放赤眼蜂报道中最高的，平均每亩可减少农药使用 1 千克左右。设施果菜熊蜂授粉可以减少激素用量 80%以上，且授粉坐果率达 98%以上，增产 15%以上，从源头上防治面源污染。

3. 服务乡村振兴战略成效更加明显

山东省农业科学院积极履行服务“三农”的公益职能，紧紧围绕乡村振兴战略实施，加强创新工程科技成果的转化工作，强化科技对农业产业的支撑引领作用。目前创新工程团队在全省依托农作物种植、畜禽养殖、农产品加工新型经营主体建立博士科研工作站 49 个，与企业共建研发中心 15 个，科技成果示范基地 45 个，村级农业信息服务站点 475 个，组建了 350 多人的科技服务专家队伍，通过送科技下乡、选派科技副职等形式，加快农业科技成果的转移转化，打造了一批引领性的乡村振兴齐鲁样板，支撑农民创业致富和产业提质增效，为推动山东农业继续走在全国前列作出了积极的贡献。

一、农业生物资源保护收集保存与共享利用领域

（一）主要农作物种质资源收集保护与共享利用团队

1. 团队聚焦解决的产业关键问题

收集小麦、玉米、棉花和花生主要农作物种质资源，与现有种质资源一起编号分类并统一评价入库，建立数据信息共享平台，实现山东省主要农作物种质资源的实物与数据信息共享利用，为种业发展提供优质高效的基因源与数据信息，为四大类农作物的持续改良、拓宽现有品种遗传背景、避免毁灭性病虫害等提供物质保障。

2. 重大创新成果

基础性工作：种质资源是进行花生基础研究和遗传改良的重要材料。因此，有必要积极开展种质的收集与评价、为用户和单位提供研究或育种材料及相关数据信息，从而提高种质资源的利用效率和服务范围。自农业科技创新工程实施以来，本创新团队共收集了花生种质53份，其中广东20份，广西（广西壮族自治区的简称，全书同）14份，所内部8份，印度尼西亚5份，山东农业大学3份，湖南、武汉、美国各1份。其中包含高油酸种质5份，高油种质2份，抗黄曲霉种质6份。详细评价了846份花生种质资源的12个植物学性状、25个农艺性状、5个品质性状及6个抗性性状，获得了近40 000个数据。采集了植株、荚果、种仁等2 500多张图像信息。筛选出极抗旱种质12份，耐旱种质21份，萌发期耐盐种质16份，高耐0.5%NaCl种质4份，高蛋白种质12份（>32%）、高油种质12份（>56%）、高油酸种质11份（>58%）。

创新服务：累计向7家科研单位提供各类花生种质资源336份次，并提供了2016—2017年在青岛莱西的性状调查数据与烟台海阳的抗性鉴定结果。其中黄河三角洲现代农业试验示范基地已对提供的97份种质在3%的盐碱地上进

行了筛选，获得成苗率在 85%以上（高于盐碱地下平均成苗率 20 个点），15 平方米小区产量在 3.5 千克以上（与正常地块下小区产量基本持平）的耐盐碱种质 12 份。利用盐碱地胁迫下油料作物种子的含油量显著提高的特性，已将其作为亲本培育高油、耐盐碱花生新品种（系）。目前已获得 F_3代，得到了含油量均大于 65%，成苗率高于 90%的理想株系 10 个，且小区产量均高于 3.5 千克。

黄河三角洲现代农业试验示范基地盐碱地种质资源筛选

（二）特色作物与蔬菜种质资源收集保护与共享利用创新团队

1. 团队聚焦解决的产业关键问题

（1）实现特色作物和蔬菜产业的机械化管理以及病虫害的预防和防治。

（2）发掘一批品种资源的优良基因，为农业生产、生物科学基础研究等工作提供了优质高效的品种资源，解决部分蔬菜品种依赖进口种子的局面。

2. 重大创新成果

（1）绿豆精播简化栽培技术。

技术介绍：目前，中国是世界第三大食用豆生产国，种植面积超过 5 000 万亩（15 亩 = 1 公顷；1 亩≈667 平方米。全书同），总产量 400 万～600 万吨，其中绿豆、小豆占世界产量的 1/3。我国绿豆种植面积 1 000 万亩，产量 100 万吨，平均亩产 90 千克以上。而山东省绿豆种植面积只有 6 万多亩，机械化水平低、生产规模小、技术到位率低、管理粗放等原因成为制约绿豆种植面积增加的瓶颈，食用豆消费量却呈逐年稳定增长态势。绿豆精播简化栽培技术从产地环境、选用品种、种子处理、整地、播种、施肥、田间管理、防治病虫草害、收获等方面进行了规范，形成了绿豆精播简化栽培管理技术。该技术省工省力，节本增效，实现了种管收机械化，每亩可节省用工和农药化肥投入 100 元以上，对于提高农民的种植积极性、扩大绿豆种植具有重要的示范推广意义。

产业应用典型：目前该技术已经在德州市的禹城、夏津、临邑等县市推广应用。每亩可增产 10%以上，节本增效 150 元以上。

（2）秋葵 101 系列品种的选育及示范。

技术介绍：以矮化、密植、高光效和出口日韩专用为育种目标，选育适应山东生态条件的高产、优质、抗病的黄秋葵新品种 101、102 和 103，并根据品种特点研发与之配套的种子繁育技术和轻简化节本高效等栽培培技术，制订标准化、规范化、机械化栽培技术规程，为山东省秋葵产业化发展提供强有力的技术支撑。

产业应用典型：建立核心示范区 109 亩、示范区 2 009 亩，辐射区 10 317 万亩，企业增效 221 万元，农民增收 2 093 万元。

（3）天正桔红 65 大白菜。

品种主要特征：山东省农业科学院蔬菜花卉研究所育成的特色大白菜新品种，2015 年通过了国家鉴定。该品种是山东省农业科学院蔬菜花卉研究所历经 8 年潜心研究，采用常规育种与分子育种相结合的方法，以引进桔红心材料经多代自交纯化筛选而成的自交不亲和系“08428”为母本，以‘红抗一号’经抗病性转育、自交分离筛选、创新出的新桔红心育种材料“08468”为父本，杂交而成。该品种品质优良，特色鲜明，具有以下几个方面的特征：一是球叶颜色鲜艳，橘红色深，口感品质极佳，营养价值高，生食微甜，熟食易烂，其中β-胡萝卜素含量高达26.163毫克/克（干重），是普通大白菜的11.15倍；二是生育期短（生长期65天），为早熟品种，可根据上市时间分期播种；三是耐抽薹性强，春秋皆可种植；四是对病毒病、霜霉病及软腐病抗性强；五是结球紧实，采收期长，适合包装箱菜、超市销售。

产业应用典型：目前，天正桔红65已在山东、四川、云南、甘肃、河北、河南、辽宁、宁夏（宁夏回族自治区的简称，全书同）、新疆（新疆维吾尔自治区的简称，全书同）等地进行了推广应用，均表现出了良好的适应性。山东省惠民县清河镇英昕合作社从2015年引进天正桔红65大白菜新品种以来，该品种表现出良好的生产性能，已帮助公司累计增加利润100余万元。该品种亩产稳定在5 000千克左右，又好看又好吃，在普通大白菜市场价2元/千克的情况下，该品种北京和中国台湾的客户10元/千克抢着要。在2018年春季大白菜市场行情低迷的情况下，天正桔红65最好的一级品，通过微信营销甚至卖到了28.8元一棵。

（4）一种盐碱地中药材小粒种子的播种方法。

方法简介：盐碱地中发展中药材种植面临三大难题，一是盐碱地播种出苗难，由于盐碱的影响出苗非常困难，所以无论种植什么类型的药材，出苗都是一个严峻的考验。二是管理难，出苗后，经常会出现死苗现象，主要也是盐碱的影响，同时杂草控制也是影响投入产出比的重要一环。三是中药材的种子大部分都是小粒的，在播种、出苗和管理上难度非常大。

现有的中药材播种技术大多适合普通非盐碱地，如平原、丘陵或山地，土壤基本都是中性，播种方式有机械播种和人工播种两种方式。中药材的好多品种的种子都比较小，如果墒情不好或者土壤条件不好的情况下出苗非常困难。

主要内容：一是施足底肥，深耕耙平，机械或人工起垄种植，控制垄距110厘米，垄面底宽90厘米，顶部宽70厘米，垄高25~30厘米。二是垄上开两行播种沟，垄上播种2行中药材，行距30厘米；沟深5~8厘米，沟的平均宽度5厘米，沟底部中心距离垄边缘20厘米，两个沟底间距离30厘米。三是在垄上两沟内进行撒播或穴播，播种后盖土2厘米，盖土时不要破坏垄上开沟的边缘，播种后保持垄上有平行的两个播种沟的状态。四是垄上覆盖黑色地膜，如果是较远株距的行播可以先覆盖地膜，然后在地膜上破膜穴播。

产业应用典型：以上方法基本适合大多数小粒中药材种子，如蒲公英、苦参、板蓝根、黄芪、黄芩、益母草、薏米等。东营润松农业科技有限公司在东营市垦利区和利津县采用以上方法开展了林下中药材的种植，取得非常好的效果，2016—2017 年种植了近 2 000 亩的板蓝根，收获了大量的种子，同时开发了板蓝根鸡蛋和板蓝根花的蜂蜜，丰富了林下农产品，亩增效益 2 000 余元，达到了以药养林、林药间作的目的，提供了盐碱地综合开发的样板和典型。

（5）能饲兼用草柳枝稷新品种与重度盐碱地高产栽培技术。

技术介绍：山东省重度盐碱地面积高达 15 万公顷，其中黄河三角洲占 92%。近年来盐碱地的开发利用多基于轻、中度盐碱地，重度盐碱地改良利用仅占 11%。重度盐碱地占比高而利用率低，多数季节地表裸露，原生植被生物量小或难以人工栽培、利用价值小。开发利用较好的轻中度盐碱地因海水倒灌或长期荒废返盐，土壤退化现象严重。由山东省农业科学院选育的柳枝稷新品种 GL07 是一种多年生能饲兼用草，是盐碱地改良的优异先锋植物，不但可以提供生物质能源和饲草，而且其根系庞大，生长迅速，能有效阻断盐分运输，提高地上—地下生态系统稳定性，土壤改良效果显著。在黄河三角洲农高区重度盐碱地（含盐量 0.5%～1.1%）上正常生长，应用配套栽培技术，亩产鲜草 3 500 千克以上，粗蛋白含量达到 8%以上。该品系还具有抗倒伏、抗旱等优良特点，也便于机械化操作，适宜在黄河三角洲重度盐碱地大面积推广应用。

产业应用典型：目前该成果已在东营农高区、河口、沾化等重度盐碱地成功示范推广。原济南军区黄河三角洲生产基地四团（河口区孤岛镇），面积 100 亩，土壤含盐量平均 0.8%以上，最重地块含盐量达 1.3%，在经台田、暗管排碱等物理措施治理后仍不能正常种植作物，造成大面积土地闲置。利用柳枝稷新品种及配套栽培技术，该地块种植当年即全覆盖，鲜草产量达到 2 000 千克/亩。种植第二年后，鲜草产量达到 3 500 千克/亩。柳枝稷为多年生品种，仅第一年种植成本较高，约在 800 元/亩，进入第二年后仅需要收获用机械、用工成本，约在 300 元/亩。生产上全程机械化。该成果为黄河三角洲地区重度盐碱地改良利用提供新模式。

3. 服务支撑典型农业新型经营主体取得实际效果

（1）与胶州市大白菜研究所等新型农业经营主体合作，为其提供优良胶州大白菜品种及配套栽培技术体系，促进胶州大白菜的规模化种植与生产，帮助公司累计增加利润 100 余万元。

（2）通过选育和示范秋葵 101 系列品种，建立核心示范区 109 亩、示范区 2 009 亩，辐射区 10 317 万亩，企业增效 221 万元，农民增收 2 093 万元。

4. 典型照片

济南伟丽种苗金农夫示范基地粉果及樱桃番茄品种现场观摩会

在潍坊高里街道甜瓜品种实验鉴定现场会

团队成员在临沂组织开展大豆无障碍除草技术培训及现场会

团队成员在禹城市进行食用豆生产技术培训

（三）多年生和无性繁殖作物收集保护与共享利用团队

1. 团队聚焦解决的产业关键问题

一是进一步加大了果树种质资源的收集、保存和评价力度，开展了山东省野生果树种质资源收集保护调查，进一步补充完善了部分果树种质资源的性状调查和图像采集等数据采集整理。2016 年以来，先后收集了苹果、梨、桃、樱桃、葡萄、核桃、板栗、枣等果树优异、特异种质资源和品种 1 500 余份，建立了标准化种质资源圃 8 个，圃地面积 300 余亩，调查数据 4.6 万余个，采集图像 1 万余张，建立了苹果、梨、桃、葡萄、樱桃、核桃、板栗、枣、柿等果树种质资源性状数据库 9 个，开展了苹果中参与调控植物生长和发育多个方面的生长素响应因子基因 ***MdARFs*** 克隆工作。

二是围绕科研和产业需求，加强了种质资源的科研创新共享利用和优良品种产业推广应用，加大种质资源的共享利用力度。为中国农业科学院兴城果树研究所、南京农业大学、浙江大学、山东农业大学等单位累计提供资源或样品共计 69 份，为山东农大生物学国家重点实验室提供苹果属植物 DNA 样品 57 份，实物与信息共享单位 14 个，提供种质资源 300 余份次。主要用于资源评价、新品种选育、试验研究等，有力地支持了科研和生产工作。

2. 重大创新成果

山东桃栽培面积近 200 万亩，面积和产量连续多年居全国首位，主产区主要集中在以临沂市蒙阴县为中心的鲁中山区，产区于 20 世纪 90 年代、21 世纪初快速发展，截至目前，80%以上树龄即将达到衰弱期，桃品种亟须更新换代。创新团队以收集引进桃新品种为主要任务、收集资源后选择试验点布点试验、逐步推广，截至目前收集桃品种资源 193 份，其中筛选出适宜山东地区发展的不同成熟期硬质全红大果型桃品种 10 余个。目前系列硬质全红大果型品种正处于快速推广期，累计推广面积 20 万亩。为山东省桃品种的持续健康发展奠定了坚实的基础。

3. 服务支撑典型农业新型经营主体取得实际效果

创新团队成员在收集、推广新品种过程中，与泰安市科技特派员支持的贫困村项目项结合，形成新的合作社经营模式：合作社=自有土地+土地流转+村集体土地入股+贫困户+新品种苗木入股。

泰安市东平县大羊镇前魏雪村，村内有名的种植大户冯永臣，带头准备成立九鼎凤凰山果品专业合作社，为合作社的法人，对合作社负主要管理责任。通过土地流转，冯永臣将自有土地、承包土地、村集体闲置荒地流转至相对集中位置，以便于实行规模化种植（无流转土地费用）；村集体、其他农户以土地入股，不参与经营，待果树进入盛果期后，按照一定比例分红当年果园收益。合作社需优先雇用村内贫困户从事田间生产工作，按日结算雇工费。科技特派员项目购入新品种苗木，按照一定比例入股合作社，分红归村集体所有，并规定此项村集体分红只能用于村集体帮扶贫困户。

4. 典型照片

种质资源圃服务支撑新兴农业经营主体

枣优良品种生产园桃种质资源花形态调查

（四）畜禽种质资源保护与共享利用团队

1. 团队聚焦解决的关键问题

研究探索利用现代本交笼等现代智能化养殖设施，建立新的鸡品种资源家系保种方法，研究比较保种效果，减轻传统家系保种法需要的人力、财力投入。

解决了猪精液保存的技术难题。与其他家畜相比，猪一次射精量大，采精后对外界温度的突然改变相当敏感，在冷冻到解冻的过程中更容易受到损伤。通过对不同冷冻液和解冻液进行反复试验，筛选出合适的冷冻液和解冻液。

在全国率先建立奶牛 A2 型基因鉴定方法，解决了制约 A2 型种公牛快速选育的关键技术，显著提高国产 A2 型奶牛种质产业化进程。

2. 重大创新成果

（1）汶上芦花鸡的创新利用技术。

技术介绍：针对汶上芦花鸡生长速度慢、饲养周期长、饲养成本高的特点，迎合市场对优质鸡放养等特殊要求，研究制定了前期集中育雏、后期放牧的配套生产技术，缩短饲养周期，实现最大限度地降低生产成本，降低疫病传播风险、降低环境资源的依赖。技术要点包括：符合当地畜禽养殖布局规划的鸡场选址与规划布局、不同养殖模式下的设施设备配套等技术；不同养殖阶段的温湿度控制、空气质量控制等环境控制技术；不同生产阶段的饲料精准配置技术，提高饲料利用率，从源头上降低氮磷等污染物的排放；主要流行疾病的免疫控制技术等，构建优质肉鸡安全生产屏障；根据消费者的实际需求，重点推广鸡肉品质、鸡蛋质量提升技术，以及不同养殖模式、养殖规模的粪便、病死鸡的无害化处理技术和资源化利用技术。

应用典型：该技术以山东金秋农牧科技有限公司为依托，建立起以汶上芦花鸡原种场、饲料厂为核心，以汶上县芦花鸡协会、养殖专业合作社为基础的高效生产组织模式，以汶上县金秋食品有限公司、汶水芦花鸡旗舰店、汶河畔生态餐饮连锁酒店等为载体的终端消费的推广模式。经过技术宣传推广，出栏时间从 160~180 天，甚至 200 天以上不等，下降到体重达到 1 200 克左右上市，公鸡的上市时间缩短到 120 天左右、母鸡的在 140 日龄左右。开发出烧鸡系列，鸡腿、鸡脖、鸡肝，初产蛋、卤蛋等深加工产品 20 多种。公司存栏种鸡 60 000 多套，年推广汶上芦花鸡 1 000 多万只。

（2）枣庄黑盖猪遗传多样性及遗传结构分析技术。

技术介绍：枣庄黑盖猪俗称“盖子猪”，其中心产区位于枣庄市境内，属华北型优良地方猪种，存养历史悠久。枣庄黑盖猪具有繁殖率高、哺育力强、肉质细嫩，耐粗抗病对环境的适应力强等特性。无论从育种还是市场开发方面，枣庄黑盖猪都具有良好的开发利用前景。在市场经济的冲击下，自 20 世纪 80 年代开始，大量的国外种猪引入，严重影响了山东省地方猪种的纯度和种质特性的保存，对该猪种进行有效保护已经刻不容缓。深入了解猪种的遗传多样性、群体结构及其与山东省主要引进猪种之间的遗传关系，是开展该地方

首席专家曹顶国研究员带领团队成员到原种场技术指导

汶上芦花鸡育雏育成期集中网上饲养模式

汶上芦花鸡后期林下放养饲养模式

汶上芦花鸡产品深加工旗舰店内景

猪科学保护、有效利用的基础。随着基因组芯片和二代测序技术的普及，开始利用覆盖基因组范围的 SNP 标记在全基因组层面上对猪种进行研究、深刻揭示群体遗传结构，特别是与引进猪种的亲缘关系。

应用典型：本技术针对枣庄黑盖猪核心群体，采用 SNP 芯片在全基因组范围内检测遗传变异（SNP），应用全基因组范围内的遗传标记，分析群体的遗传多样性和遗传结构，以期深入揭示黑盖猪与引进猪种之间的遗传关系，进而为该品种的保护、分子育种和杂交利用提供理论依据。分析结果表明，枣庄黑盖猪群体内多样性各项指标均较高，群体内遗传多样性丰富。枣庄黑盖猪与 5 个引进猪种存在大的遗传分化，枣庄黑盖猪与巴克夏猪群体遗传距离和净遗传距离最大，与长白猪的遗传距离和净遗传距离最小。群体结构分析表明，枣庄黑盖猪在系统发生树上单独聚类成一个分支，特征性亚群在群体中所占比例为 0.826，故枣庄黑盖猪具有自己独特的遗传特征，是一个受引进猪影响较小的地方猪群体。今后选育中，建议利用分子标记分析结果，进一步进行选优提纯，剔除部分可能与引进猪群体混杂的个体，进一步提高本品种特征。本研究团队根据黑盖猪遗传结构分析结果，指导枣庄黑盖猪进一步选优提纯，为枣庄黑盖猪遗传资源的申报打下良好基础。

枣庄黑盖猪公猪

枣庄黑盖猪母猪

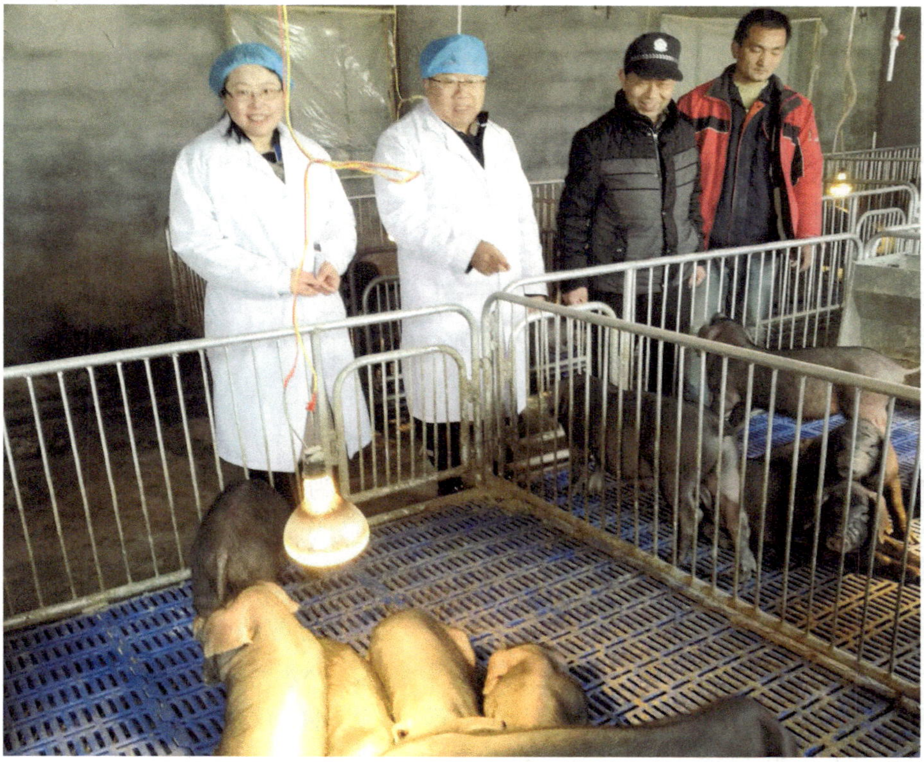

本团队人员在枣庄黑盖猪原种场技术指导

（3）荷斯坦优良种公牛培育技术。

技术介绍：不断完善并优化创新以 DHI 测定、种子母牛组建、后备公牛培育、后裔测定等常规育种技术为主线，以重要功能性基因鉴定和全基因组选择等分子育种技术为加速器的奶牛育种技术体系，提高种质培育能力。完善了 DHI 一次性采样、测定、报告制作、设备维护等技术规程。针对牛场需要，研究设定牛群生产过程的基本参数，研发了 DHI 分析报告软件，实现牛场数据分析的自动化；形成了规模化奶牛场的 DHI 测定技术体系。基于 DNA 测序等分型方法，建立了国际上通常检测的白细胞黏附缺陷征、尿苷酸合酶缺乏征、脊柱畸形综合征、瓜氨酸血征等奶牛遗传缺陷征和 A2 基因检测方法，并应用最前沿的全基因组选择技术，加强种子母牛和后备公牛优选。创新了青年公牛后裔测定模式，形成了多元有效的后测组织形式，为自主培育优秀验证公牛提供多方位保障，显著提高了青年公牛的后测效率，增强验证公牛培育力。

应用典型：项目实施以来，DHI 测定牛场达到 172 个，测定泌乳牛 11 万余头，收集数据 114 万多条。培育后备公牛后公牛 104 头，其中遗传水平（GTPI）最高个体达 2 701，与美国同期青年公牛遗传水平相当，获得优秀验证公牛 53 头，全部入选国家良补计划。经统计 DHI 测定全省 DHI 参测牧场经应用上述技术，产量由 2016 年年初 8.2 吨提高到 2017 年年底 9.4 吨，乳脂率由 3.88%提高到 3.91%，乳蛋白率由 3.26%提高到 3.42%，体细胞数据由 38.3 万/毫升下降到 29.0 万/毫升，极大提升了全省奶牛单产水平和牛奶质量，并保证了牛奶质量安全。

全面深入在全省推广 DHI 技术

邀请国内外专家评定培育的种公牛

（五）农业微生物资源保护与共享利用团队

1. 团队聚焦解决的产业关键问题

（1）解决农业环境微生物种质资源保护与共享利用。包括养殖业病死畜禽无害化处理和高效利用技术难题；微生物肥料和土壤修复产业领域新型功能菌种数量少、产业化率低、市场化程度差等关键问题；农药产业领域生防微生物种质资源缺乏、具有竞争力的新产品少、新出现病害的高效绿色防控技术体系缺乏等关键问题。

（2）解决山东省大宗、工厂化、特色品种的食用菌种质资源收集及鉴定，筛选优良生产菌株及共享应用的产业问题。

（3）解决食品微生物种质资源长期存在的种质收集不足、功能性专用菌株匮乏以及保育、评价技术体系不健全等问题。

（4）解决养殖动物为传染源的人畜共患病原菌种质资源的收集、鉴定、传播途径和危害预测等关键问题。

2. 重大创新成果

突破了小麦茎基腐病绿色防控技术、高效食品微生物种质代谢发酵技术、综合省级动物源病原菌库资源信息管理技术，筛选了平菇明湖 2 号、平菇 SD-3 两个食用菌品种。

（1）小麦茎基腐病绿色防控技术。

技术介绍：小麦茎基腐病于 2012 年在国内首次发现。该病 2016 年全国大暴发，2017 年、2018 年继续蔓延扩展。小麦茎基腐病已经成为山东省乃至我国小麦生产上威胁最大的病害之一，严重威胁粮食安全。小麦茎基腐病绿色防控技术包括针对镰孢菌（*Fusarium*）高活性的生防菌——哈茨木霉（*Trichoderma harzianum*）处理种子，结合深耕、晚播、春季喷雾防治。对小麦茎基腐病的田间防治效果为 73%，对小麦纹枯病的防效为 71.09%，减少化学农药用量 50%以上，增加产量 20%以上。

产业应用典型：该技术在潍坊昌邑市、济南市天桥区等地进行了示范试验。2018 年 5 月 19 日，山东省农业科学院植物保护研究所在济南市天桥区桑梓店街道小郑村重病地举办了“小麦茎基腐病绿色防控技术示范现场观摩暨培训会”。来自省内外近 20 家教学及科研单位、技术推广单位的专家，以及济南市各区县农业局、农技人员及种粮大户等共 90 余人参加了会议。验收专家认为：“示范技术对小麦茎基腐病和纹枯病均有较好的防治效果，明显优于农民常规防治区。生物制剂木霉菌与化学农药拌种剂的防效相当”。该技术具有重要的推广价值。

（2）高效食品微生物种质代谢发酵技术。

技术介绍：从各地分离保存各种功能性真菌、食品添加剂生产菌株、益生菌类菌株 65 株；ITS 序列测序、理化检测、镜检等方法鉴定菌株 11 株，含灵芝菌 1 株，蛹虫草菌株 1 株，金银花伴生菌 2 株，普鲁兰多糖产生菌 1 株，壳聚糖酶产生菌 1 株，功能性乳酸菌 5 株；将极具开发价值的菌种保藏于武汉大学中国典型培养物保藏中心，蜡样芽孢杆菌 *Bacillus cereus NCPS*116（保藏号 CCTCC M2017803）、出芽短梗霉 *Aureobasidium pullulan NCPS*2016（保藏号 CCTCC M2017498）、粪产碱杆菌 *Alcaligenes faecalis NCPS*2017（保藏号 CCTCC M2017497）。对重要的功能性菌种的生长特性、发酵条件和发酵结果进行综合研究，提高发酵性能，如营养物质维生素 E、维生素 C、维生素 B_2 提高 3~13 倍，虫草素含量提高至少 1.0%，提高产普鲁兰糖、壳聚糖酶的能力和银杏花粉转化能力。该项目研究，极大丰富了种质资源库，探究保藏和培育方法，初步建立保育体系，为功能性发酵技术体系的建立奠定研究基础，拓展功能性发酵的应用范围。

产业应用典型：目前该技术已基本完成菌种的实验室培养和转化性能研究，菌种性能稳定，食品微生物发酵转化后其代谢物的保健功效、对疾病的预防治疗等功能稳定提高，并逐步形成有效的综合评价方法。目前正与国内外企业、高校进行紧密联系，成果交流，将极力促成实现相关成果合作及转化事宜。

（3）综合省级动物源病原菌库资源信息管理技术。

技术介绍：依托于山东省兽医抗药性监测网（www. varms. org），范围覆盖山东全省，选择重点禽类养殖企业和屠宰企业，如益生、民和、中慧、六和、和康源等 12 家企业，畜种包括种鸡、肉鸡和肉鸭，并涉及相关涉牧从业人员；通过对重点企业实验室人员进行培训，掌握病原菌分离、纯化、保藏等技术，定期收集临床流行菌株和从业人员样品；针对主要细菌性病原菌建立人兽共患病原菌库，逐年充实，并定期与养殖企业形成反馈与交流，力求科研与生产紧密结合。从山东省规模化养殖场采集鉴定人兽共患病原菌流行株，进行抗药性、免疫学、毒力及其相关基因的系统分析评价，建立菌种库；分析致病菌的传播和演变进化规律，完善种质资源信息；通过菌株及其信息共享，为抗生素的精准使用、流行强毒菌株的疫苗研制等提供物质和技术依托。

产业应用典型：

（1）创建兽医抗药性监测网（www. varms. org）。与山东省畜牧兽医局并联合山东省十余家重点养殖集团企业及兽药生产企业，创建 Varms 实体监测网；监测养殖场临床病料、粪样和环境样本的细菌抗药性，直接指导临床用药；实时在线将检测结果上传到 Varms 数据库（www. varms. org），自动汇总，便于成员企业和公共查询。

（2）覆盖全省的病原菌菌种库。历经 10 年共收集菌株万余株，包括大肠杆菌、沙门氏菌、金黄色葡萄球菌、克雷伯菌等、里默氏菌、铜绿假单胞菌等临床主要流行性病原菌，并对重要菌株进行鉴定，毒力、血清型、药物敏感性、噬菌体型鉴定。

（4）平菇明湖 2 号。

品种主要特征：平菇明湖 2 号是由山东省农业科学院农业资源与环境研究所选育的中早熟、灰黑色平菇品种，属中早熟品种，从接种到采收 72~95 天，生育期较常规品种缩短 2~6 天；明湖 2 号菌丝体洁白浓密，子实体大型叠生、覆瓦状，菌盖扇形，灰黑色，单个子实体宽 5. 5~9. 2 厘米，菌盖厚 0. 43~0. 76 厘米，菌柄长 2~4 厘米，商品性好；丰产、稳产，每 100 千克干料可产鲜菇 98. 3~110. 5 千克；对绿色木霉等杂菌抗性较强。品种适于在山东、河北、河南等省、市大棚、温室熟料或发酵料栽培。春茬 1 月接种，秋茬 8 月接种。栽培袋规格 22 厘米×（43~45）厘米，每袋装量相当于干料 1. 0 千克。基本配方为玉米芯或木屑 78%、麸皮或米糠 20%、石灰 1%、玉米粉 1%；5~7 层菌袋堆垛发菌，温度 20~25℃。出现原基后两端解口出菇，温度为 20~25℃，空气相对湿度 85%~90%，每天通风 2~3 次，要求有 300~800 勒克斯散射光；现蕾后的子实体生长期每天喷水 3~4 次，禁止直接向菇蕾上喷水，要保持室内相对湿度 85%~90%；子实体六七分熟时成丛采收，一般采收 3~4 潮。

产业应用典型：目前平菇明湖 2 号已在山东、河北、河南等省（市）进行了推广应用，均表现出了良好的适应性。尤其春末、夏初栽培可弥补高温季节食用菌市场供应偏少的缺口，市场售价较高，可获得较高的经济效益。平菇明湖 2 号尤其受到了济南、聊城、菏泽、济宁等地产业扶贫项目的欢迎，发展栽培户 1 千余户，发展栽培棚 2 000 余栋。

（5）平菇 SD-3。

品种主要特征：平菇 SD-3（*Pleurotus ostreatus*），糙皮侧耳，2017 年 3 月 13 日提交中国微生物菌种保藏管理委员会普通微生物中心进行专利保存，编号 CGMCC No. 13695。平菇 SD-3 是山东省农业科学院采用常规杂交育种与分子育种相结合的方法，培育出的适宜我国华北地区广温型平菇新品种，具有朵型美观、出菇整齐、头潮菇转化率高等特点，能够满足食用菌工厂化生产对种质的要求，对推动我国平菇产业转型升级和农民增产增收具有重要意义。平菇 SD-3 生产性能优异，一是生长速度快，以 18 厘米×35 厘米聚丙袋、玉米芯基质栽培，液体种生产，接种到采收 43 天；二是转化率高，头潮菇转化率 70%以上，三潮菇总转化率 130%左右；三是菇型大小适合商品化生产，头潮菇单朵重量 350 克，菇片直径 5~8 厘米，不易破碎，适宜盒装销售；四是菇片品质好，口感脆嫩鲜美、纤维含量低。

产业应用典型：目前，平菇 SD-3 已在山东淄博等地进行了推广应用，均表现出了良好的适应性。山东七河公司从 2017 年承担品种中试试验后，引进该品种进行菌菇生产，该品种表现出良好的生产性能和遗传稳定性，已累计生产超过 10 万袋，利润 20 万元。

3. 服务支撑典型农业新型经营主体取得实际效果

山东省是养殖大省，养殖业病死畜禽数量多、处理技术难度大，目前还没有高效、环保、资源化利用的技术体系，该领域规范化企业数量少，处理能力远远不能满足需求。本团队筛选了高效降解病死畜禽的菌种，完成了产品研制和应用技术体系的建立，扶持了山东省处理能力最大的企业“寿光市金盛源固废处理有限公司”的技术提升和产能提高，实现年处理病死畜禽 1. 3 万吨。同时对处理产物进行安全评估和功能改造，用于制造高端生物有机肥，无间隙对接下一产业链，完成了高危废弃资源的无害化循环利用。创造了巨大的经济效益、良好的环境效益和显著的生态效益。团队研发的功能菌种与新型微生物肥料已成功转化与济南圣泉集团股份有限公司和山东福川生物科技有限公司，帮助企业新产品生产与工艺优化，进行技术培训和市场服务培训，实现了企业的技术和产品升级、大大增强了产品技术含量和市场竞争力。

山东省农业科学院资源与环境研究所创新团队与地方推广部门协作、示范基地密切合作，自课题任务实施开始，开展了平菇、香菇等大宗菇类高效栽培技术示范推广，并对引进、选育出的新品种进行示范、推广。在实施过程中，边研究边推广，利用建立的食用菌优良种质资源库和一级、二级菌种扩繁生产场优势，将成熟优良品种和技术成果及时进行转化应用，积极推广选育的食用菌新品种，并制订了与之相配套的优质高产栽培技术规程，以选育品种为支撑和以配套技术相扶持，应用规模 1 000 余棚，推广栽培面积达 80 万平方米以上，应用效果突出，发展前景广阔。举办各种技术培训班 10 余次，受训菇农及技术员达 600 余人（次），并通过多种媒体宣传报道与指导，社会影响较大，促进了山东省食用菌种质资源生产规模化、产业化和标准化发展，取得了显著的经济效益和良好的社会、生态效益，深受当地政府部门的重视和广大菇农的欢迎。

同时，在全省 12 家重点养殖企业收集流行性病原菌株，培训山东省内大型养殖企业的实验人员进行规范的菌株收集、分离、纯化、保藏的方法和步骤，并提高菌株鉴定服务，得到养殖企业一致好评，为快速、大量收集针对性强的流行菌株做好铺垫，并且通过网络化数据库获得菌株的药敏特性，建立了山东省最为完备的动物源病原菌库。

4. 典型照片

新型生物农药田间试验示范

淄博七河食用菌生产示范基地

食品微生物高效代谢技术合作省级动物源病原菌库资源信息建设

二、农业资源生态环境长期定位监测领域

（一）粮田资源环境长期定位监测团队

1. 团队聚焦解决的产业关键问题

团队聚焦解决农业科技基础性工作的突出问题，开展小麦、玉米、花生、甘薯、水稻、棉花等具有基础性、长期性、连续性特征的大田作物生态环境长期定位监测与评价任务，对农民习惯耕种方式、现阶段生产主要应用技术以及代表未来发展趋势的前瞻技术进行长时间序列的系统监测和分析研究，持续和深度挖掘影响粮田资源环境的不同因素和提升机制，更好地发挥光热资源配置，实现周年作物的高产、高效突破。通过任务实施，建立或完善大田作物高产、高效、绿色生产关键技术，为农学、土壤学、植物营养学、生态学和环境科学的发展提供长时间序列的数据信息，为应对气候变化、生态安全、粮食安全及农业向资源节约型和环境友好型方向发展提供理论和技术支撑，为政府制定政策和科学决策提供有益参考。

2. 重大创新成果

通过与山东省农业科学院科技信息研究所“农业科技信息与知识服务平台”团队合作，建成“大田资源长期定位监测数据系统”，并在济阳、泰安、济宁、莱西、章丘（在建）等建设与数据库系统配套的小型气象站，以完善数据系统气象数据。气象站每 15 分钟记录一条数据，截至目前已记录 80 000 余条。“大田资源长期定位监测数据系统”主要包括站点信息、试验信息、样品保存信息、作物生育期及其考察指标、土壤信息、气象数据等内容，为保存长期定位试验相关数据、试验结果等信息提供了一个可靠的平台。

3. 服务支撑典型农业新型经营主体取得实际效果

针对山东省小麦、玉米、水稻、甘薯等作物主产区分布及不同类型土壤分布情况，综合考虑不同生态类型区划分，建立和完善覆盖全省的大田生态环境

长期定位监测网络。已设立或选择的长期试验站的农田环境，具有区域代表性，良好的水利建设条件和较完善的试验设施条件，并保持相对稳定。根据已有工作基础和条件，已建成 6 个试验站点：济阳——小麦玉米轮作区（济阳院基地）；泰安——甘薯花生旱作区（果树研究所自有土地）；章丘龙山——小麦玉米轮作区（已运行 7 年，合同期 23 年）；济宁——水稻小麦轮作区（水稻研究所自有土地）；青岛莱西——花生连作区（花生研究所自有土地，2016—2017）；聊城临清——棉花纯作区（棉花中心自有土地，2016—2017）。

4. 典型照片

数据系统——试验站信息

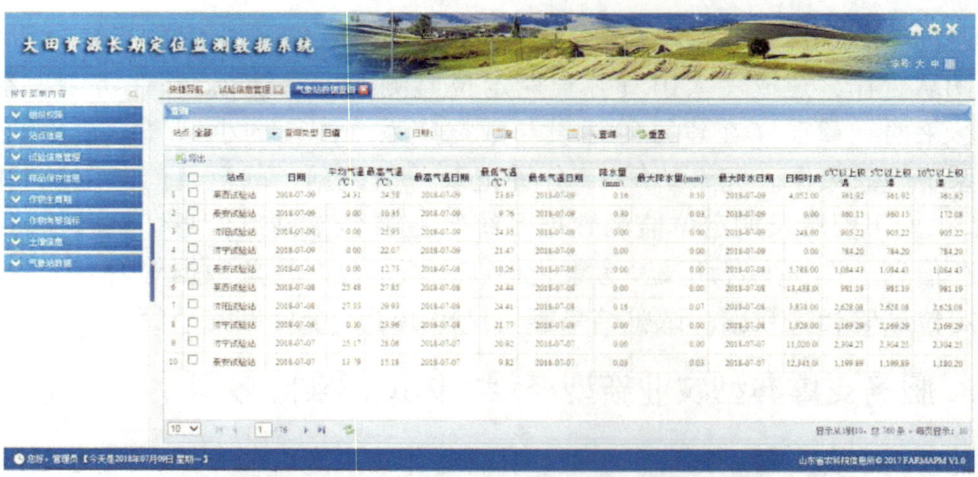

数据系统——气象站数据

济阳试验站气象站——章丘龙山试验站

（二）菜田资源环境长期定位监测团队

1. 团队聚焦解决的产业关键问题

针对山东省菜田土壤理化性状变劣、健康质量下降、蔬菜产量和品质降低等突出问题，在制定统一监测技术规范基础上，在山东省蔬菜主产区建立菜田资源环境的监测点，对生产投入品、菜田土壤质量和作物品质开展长期定位监测，将主要解决以下 5 个问题。

（1）构建菜田土壤质量监测指标与技术规程。

（2）山东省不同轮作模式及肥水措施下菜田投入品和土壤质量的演变规律。

（3）探明蔬菜中农药残留、重金属等风险因子污染现状及潜在风险。

（4）提出山东省蔬菜主产区持续高产高效的土壤质量提升的定向管理技术模式。

（5）搭建菜田土壤质量、肥效与生产力监测预警共享数据平台。

2. 重大创新成果

一方面通过对作物需肥特征和土壤养分供应规律的监测，结合田间调研，提出适宜作物生长的配方肥或套餐，目前已提出大葱、大蒜、生姜、马铃薯、番茄、黄瓜等作物的肥料配方和生产技术规程，并与云南云天股份有限公司、山东三方化工集团有限公司等企业合作，将技术物化为配方肥。近年来，在章丘、禹城、金乡、巨野、昌邑、济阳等地区进行了试验示范，培训农民 1 000 余人，对山东省蔬菜的合理施肥起到推动重要作用。另一方面创新工程的实施为山东省承担的全国农业面源污染国控监测点的试验设计、田间管理、数据采集、监测指标与技术规程提供了指导和借鉴。在前期的研究基础上，形成了“大葱/小麦高产高效生产技术”和“设施番茄—黄瓜轮作高效生产技术”两项技术，并在相关地区开展了试验示范工作，取得了一定成效。

大葱/小麦高产高效生产技术。

技术介绍：大葱/小麦轮作模式通过浅根系的大葱和深根系的小麦轮作，一方面，可以充分利用土层中积累的养分，避免资源浪费并减少环境污染；另一方面，有效解决了菜粮争地和大葱连作障碍，既保证了粮食安全，又增加了经济效益。该模式已经在河北鹿泉、山东德州、山东临沂等地大面积栽培。实际生产中，由于大葱的经济效益远高于小麦，受经济利益驱使，农民往往忽视小麦管理，而大葱生产中则存在有机肥施用不当、化肥施用过量及养分配比不合理等诸多问题。调查发现，章丘大葱生产中氮肥用量高达 N 600 千克/公顷，而养分带走的氮素仅为 107~180 千克/公顷，远低于施肥量；N、P_2O_5和 K_2O 养分投入比例为 1∶0.48∶0.36，而其养分吸收比例 1∶（0.33~0.36）∶（0.69~0.80），氮肥、磷肥比例偏大，钾肥比例偏小，易造成农田温室气体排放和地下水硝酸盐污染。大葱/小麦高产高效生产技术的应用可以实现菜田土壤质量提升和作物增产增效的双赢。

“增”指通过大葱季增施腐熟有机肥或商品有机肥，以增加土壤固碳、促进养分元素循环、提高土壤肥力。大葱定植前，结合耕地增施充分腐熟的鸡粪 30 000 千克/公顷或商品有机肥 3 000 千克/公顷。“还”指小麦秸秆收获时机械粉碎还田增碳，实现秸秆资源化和肥料化。“减”指肥料减量合理施用，周年氮肥投入量由 600 千克/公顷减为 400 千克/公顷、磷肥用量由 300 千克/公顷减为 180 千克/公顷、钾肥用量 225 千克/公顷增加为 300 千克/公顷。“合”指化肥用量两季作物“合”理分配，大葱季氮磷钾肥用量分别占 65%、55% 和 75%。

产业应用典型：该技术通过示范田、培训、观摩会、宣传册等方式，在有“中国大葱之乡”之称的山东省章丘市进行了推广应用，累积应用面积 2 万亩左右。本技术的应用可以实现。

（1）节本，氮肥减施 33%，磷肥减施 40%，总节肥 22%，肥料投入成本每公顷节约 1 120 元。

（2）增产，大葱季平均增产 7 800 千克/公顷，冬小麦季平均增产 280 千克/公顷左右，两季平均增产率达 13%。

（3）增收，农民常规技术每公顷年均收益 6. 8 万元，技术模式 7. 9 万元，年均增收 16%。

（4）增效，技术模式下 N_2O 减排 24. 4%、0~20 厘米土层固碳 2. 26 吨/公顷、总氮淋失率降低 19. 4%。

3. 服务支撑典型农业新型经营主体取得实际效果

“大葱/小麦高产高效生产技术”支撑章丘区徐家兴盛大葱专业合作社和尊法种植合作社大葱种植，应用面积达 200 亩，周边辐射面积 1 000 亩。技术应用可以周年节肥 30%，每公顷节约肥料投入成本 1 530 元；大葱季平均增产 7 950 千克/公顷，小麦季平均增产 300 千克/公顷，两季平均增产率达 10%，年均增收 20%；技术下 N_2O 减排 20%、总氮淋失率降低 15%。

“设施番茄—黄瓜轮作高效生产技术”支撑德州禹城市大禹龙腾蔬菜专业合作社番茄/黄瓜轮作生产，应用面积达 100 余亩。技术的应用黄瓜季氮肥利用率提高 28. 12%，氮素淋失量减少 21. 81%，水分生产率提高约 50%；周年减肥 40%，年均纯收入增加 11 万元/公顷；以示范园为载体，累计培训农户 20 余人次，通过对技术示范棚农户的培训，在增加收入的同时，提高了施肥管理方面的技术水平。

制定的生姜套餐肥支撑景芝镇安丘市茂丰果蔬种植专业合作社的生姜生产，应用面积 100 余亩，示范方案中氮肥、磷肥和钾肥比农户的投肥量减少 31%，示范方案比农户习惯施肥投入减少 408 元/亩，示范区产量较农民习惯增产 17. 31%，达 12. 13 吨/亩，纯增收 3 093 元/亩。

制定的大蒜配方肥支撑金乡县马庙镇和胡集镇的大蒜种植，应用面积达 100 亩，周边辐射面积 1 000 亩。技术应用可以周年节肥 30%，每公顷肥料投入成本节约 1 800 元；大蒜季平均增产 2 863 千克/公顷，玉米季平均增产 320 千克/公顷，两季平均增产率达 10%，年均增收 18%。

4. 典型照片

生姜套餐肥示范田生姜测产

大葱/小麦高产高效生产技术观摩会

济阳大蒜/玉米轮作长期定位监测点

专家现场指导试验

（三）果园资源环境长期定位监测团队

1. 团队聚焦解决的产业关键问题

为实现山东省果树产业的可持续发展，需要以健康的土壤质量为前提，就必须监测和掌握果园土壤质量的变化特征及其影响因素。然而，长期以来，山东省一直没有开展果园土壤质量监测工作，缺乏土壤性状质量、生产投入品和生产环节的基础信息，导致土壤质量、肥效、生产力演变规律不清，必然会加剧盲目施肥的发生，陷入果园生产高投入、土壤环境高风险的恶性循环。因此，针对山东省果园土壤理化性状变劣、健康质量下降、果品质量和品质降低等突出问题，在制定统一监测技术规范的基础上，在山东省果树主产区建立果园资源环境的监测点，对生产投入品、果园土壤质量和果品品质开展长期定位监测，将主要解决以下问题。

（1）构建完善果园土壤质量监测指标与技术规程，解决长期定位监测数据采集标准不统一、不规范等问题。

（2）研究山东省不同管理模式及肥水措施下果园投入品和土壤质量的演变规律，探明果品中农药残留、重金属等风险因子污染现状及潜在风险，提出山东省果树主产区持续高产高效的土壤质量提升的定向管理技术模式，解决长期定位监测内容不够全面、缺乏系统性等问题。

（3）建立规范化的果园土壤、植株等样品库，搭建果园土壤质量、肥效与生产力监测预警共享数据平台，解决长期定位监测数据缺乏深度挖掘、利用率不高等问题。

2. 重大创新成果

2016—2017 年，山东省果树研究所依托省农业科学院农业科技创新工程平台，联合资环所，组建“果园资源环境长期定位监测”任务团队，在全省范围内采集土壤样品合计 148 个、果品样品合计 60 个、监测病虫对象合计 35 个，获得监测数据累计 40 000 余个，初步掌握了山东省果园的土壤质量现状，认为目前全省水果优势产区表层土壤各养分含量差异明显，存在水肥流失和施肥不均现象，应根据土壤的具体养分状况进行科学施肥，多施有机肥，改善土质，提高土壤生物功能。确立泰安天平湖、泰安金牛山、沂源中以、肥城刘台、阳信华星、荣成华峰、蓬莱园艺场和栖霞通达 8 个长期定位监测果园，进行数据采集和共享。通过两年的实践摸索，形成了一套较为完整的土壤质量数据采集技术规范，涵盖土壤质量观测监测指标、规范文件和观测监测规范管理等内容。

3. 服务支撑典型农业新型经营主体取得实际效果

本任务团队依托山东省农业科学院和分院的试验基地，以及大中型果品栽培生产企业、合作社，根据已有的工作基础和条件，在全省确立了 8 个长期定位监测点，开展果园土壤、果品和病虫等监测。其中，泰安金牛山长期定位监测点将全面展开淋溶、径流等相关监测试验；泰安天平湖长期定位监测点将开展苹果、梨、桃相关的各种土壤、果实和病虫监测工作；肥城刘台长期定位监测点将针对桃园进行土壤、果实和病虫监测工作；沂源中以长期定位监测点将针对苹果园进行土壤、果实和病虫监测工作，同时对水肥一体化的应用效果进行研究；阳信华星长期定位监测点将针对梨园进行土壤、果实和病虫监测工作，尤其是全程有机种植模式和普通种植模式的比较分析；栖霞通达、蓬莱园艺场和荣成华峰长期定位监测点将针对苹果园进行土壤、果实和病虫监测工作，重点研究不同品种、不同种质模式、不同水肥条件等与土壤养分和果实品质的关系，同时开展水肥一体化和土壤调理剂试验。

同时，果园资源环境长期定位监测任务团队在金牛山试验示范基地建立了国内首个坡地果园氮磷淋溶径流一体的规范化监测池，开展果园养分径流和渗漏损失长期定位监测研究。研究坡地果园土壤氮、磷径流和淋溶损失规律，定位研究果园生草、施用缓控释肥、水肥一体化等技术对果园土壤氮、磷流失的影响，为阻控养分流失提供理论支撑，为建立后期研究果园氮磷水协同增效技术，形成氮磷淋失阻控综合技术模式，构建决策支持系统，为政府决策和农业生产提供技术支持。通过后期技术集成应用，在试区内预计可实现减少化肥用量 15%~20%、氮磷协同增效养分利用率提升 3~5 个百分点、减损阻控氮磷淋失负荷下降 20%~30%，实现良好的社会、经济和生态效益。

4. 典型照片

国内首个坡地果园淋溶径流监测池

监测池鸟瞰图

监测池淋溶流失收集装置

（四）湿地生态环境长期定位监测与评价团队

1. 团队聚焦解决的产业关键问题

任务团队聚焦解决农业科技基础性工作的突出问题，以提升湿地保障区域生态环境、服务农业绿色生产为目标，从气候—水文—植物—土壤—生态系统入手，在山东省典型湿地区建设长期定位监测点，对湿地资源、生态环境、生物多样性、威胁因素等指标开展长期定位监测，积累长序列数据，结合 3S 技术，建立山东省重要湿地数据库信息系统，评估湿地生态服务功能价值，预测湿地生态风险变化，为区域生态文明建设与农业绿色生产及新旧动能转换提供基础支撑。通过充分挖掘监测数据价值，构建农业绿色生产方式，创新服务模式，为相关科研单位、湿地管理部门和企业提供数据查询、下载、共享等公益性、基础性服务。

2. 重大创新成果介绍典型示例

基于山东省典型湿地生态类型考虑，在黄河三角洲湿地、洰淀湖湿地、微山湖湿地区建设了 3 个长期定位监测点，配备了 E-Watch 生态监测系统，可实时监测 14 个环境指标，每 30 分钟记录一条数据，截止目前已获得数据 10 万多条。基于长期定位监测数据，应用空间信息技术和计算机技术，建立了集数据存储、分析、发布、共享、湿地资源管理等多功能于一体的山东省湿地数据库信息系统 V1.0，该系统对山东省湿地尤其是重要湿地相关图件、观测数据、监测数据等资料实现了系统化、自动化管理功能，为科研、企业和湿地管理等相关部门提供了数据查询、下载平台。

3. 服务支撑典型农业新型经营主体取得实际效果

依据山东省重要湿地数据库信息系统强大的数据查询、下载、共享与分析等功能，创新服务模式，建立“长期定位监测点+博士科研工作在站+企业”模式。为企业、科研院所、湿地管理部门等提供公益性服务。基于对湿地植被、水质监测数据的分析和挖掘，针对区域农田灌溉排水，利用湿地乡土植物，构建了人工沟渠湿地。依托寿光市湿地农业博士科研工作站，服务寿光市昶德农业开发有限公司，指导建立“湿地农业立体种养—湿地农业排水—人工沟渠湿地净化—水回用”湿地农业绿色生产模式，该模式对湿地农业排水中的总氮去除率达到31%～87%，铵态氮去除率达到57%～91%，总磷去除率达到60%以上。

4. 典型照片

数据库系统——登录界面

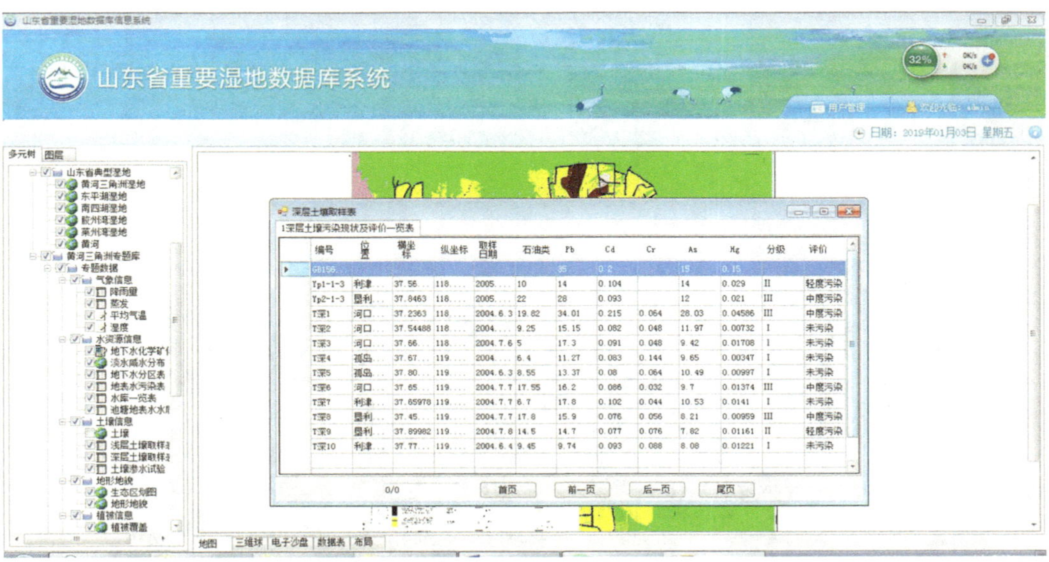

数据库系统——土壤数据

数据库系统——黄河三角洲湿地监测点

数据库系统——洰淀湖湿地监测点

三、动植物重大疫病监测领域

（一）主要农作物病虫害监测预警团队

1. 团队聚焦解决的产业关键问题

主要农作物病虫害监测和预警团队对山东省的小麦、玉米等主要作物的病虫害开展长期系统监测，建设山东省主要农作物病虫害监测大数据平台，掌握病虫害的种类、危害等本底数据，阐明主要病虫害的发生规律，揭示出在全球变化下病虫害暴发成灾的原因，阐明其灾变趋势，进行山东省主要农作物病虫灾害的预测预警，保障山东省的粮食生产安全。

2. 重大创新成果

主要农作物病虫害监测和预警团队取得重大创新成果。

（1）粮棉重大害虫区域性持续治理技术。

技术介绍：黄淮海地区是我国的粮棉主产区，十多年来，该地区主要粮棉作物常发害虫如麦蚜、玉米螟、桃蛀螟、棉铃虫、烟粉虱等为害加重，同时二点委夜蛾、棉盲蝽等新成灾害虫也频频暴发成灾，造成了巨大的经济损失。化学杀虫剂的大量使用，也带来了环境污染、农产品杀虫剂残留量超标、农田生态系统失衡等一系列严重问题。创新团队在阐明新形势下山东大宗粮棉作物主要害虫在农田景观中的转移扩散过程、灾变规律与机制基础上，研发出二点委夜蛾、双委夜蛾和绿盲蝽等新成灾害虫监测预警技术和防治指标，创新了功能植物、组合天敌释放、隐蔽施药、浅旋耕除虫等关键防治技术及系列专利产品，集成了“前期隐蔽施药持效控制、后期助增或释放天敌压制、应急高效化学调控”的大宗粮棉作物重大害虫区域性持续治理技术体系，大面积推广应用，对小麦、玉米、棉花主要害虫防治效果达90%以上，减少化学杀虫剂用量30%～50%，为我国实现2020年农药使用量零增长提供了成功经验。

产业应用典型：该技术在德州、菏泽、济宁等粮棉主产区进行了大面积示范推广。德州市为黄河冲积平原，是山东农业大市，近年来随着小麦和玉米种植面积持续扩大，粮食作物害虫种群累积，暴发成灾，严重影响了粮食作物的产量。2011—2016 年在德州实施了“基于农田景观的粮棉重大害虫区域性持续治理技术”的示范和应用，通过秸秆深翻、作物播种时药剂拌种、性引诱剂监测玉米螟及玉米螟发生高峰期释放天敌赤眼蜂等技术，对小麦、玉米、棉花主要害虫防治效果达 92%～95%，减少化学杀虫剂用量 33%～48%，不仅节本增效，而且大大减少了农药的使用及其对环境的污染。

（2）主要蔬菜卵菌病害关键防控技术研究与应用。

技术介绍：蔬菜卵菌病害（辣椒疫病、黄瓜疫病、黄瓜霜霉病、大白菜霜霉病等）是重要的气传或土传毁灭性病害，每年给蔬菜产业造成的经济损失 400 亿～500 亿元，严重影响山东省蔬菜的生产和经济利益。其有效防控一直是国际性难题，缺乏早期预防、抗病品种及综合治理技术体系。主要蔬菜卵菌病害关键防控技术研制出蔬菜卵菌病害早期快速检测预警技术体系，预报准确率达 95%以上；建立了辣椒、黄瓜疫霉菌和大白菜霜霉菌快速、灵敏、准确检测技术，将病菌诊断时间由 7 天缩短到 2～4 小时；阐明了环境诱导胁迫、优势小种流行极品中不合理布局是导致蔬菜卵菌致病流行和蔬菜品种抗性丧失的主要原因；建立了多项抗病性鉴定评价标准化技术体系，筛选出多个抗卵菌病害蔬菜新品种及其种质资源，丰富了我国蔬菜抗性品种或抗性资源库的组成；研制出主要蔬菜卵菌病害多项关键防控技术创建了“预防为先，综合治理，安全生产”的策略。防效达 80%以上，减量用药 30%以上，取得了显著的经济与社会效益。项目实施提升了我国蔬菜卵菌病害理论与技术研究水平，对保证现代蔬菜健康发展方向以及我国蔬菜卵菌病害防控具有重要示范推广意义。

产业应用典型：目前该技术已经在山东、吉林、海南等五省推广应用 1 214.85 万亩次，增产幅度达到 8%～15%，防效达 80%以上，减施农药 30%，增产 8%～15%，累计新增利润 64.99 亿元，促进了蔬菜安全生产和菜农增收。

3. 服务支撑典型农业新型经营主体取得实际效果

主要农作物病虫害监测和预警团队和在栖霞国家现代农业产业园的烟台泉源食品有限公司苹果生产基地开展了矮化密植苹果园病虫害精准监测与防控技术示范，在试验示范苹果园中，应用病虫害远程监测、精准防治技术，与常规防治相比，化学防治次数减少了 2～3 次，化学农药投入量减少了 30%～40%，带动了周边果业公司、果业合作社等新型农业生产主体，为山东省苹果产业转型升级提供了重要的技术支撑。

4. 典型照片

德州武城玉米害虫安全防控技术示范

（二）主要畜禽疫病监测和预警团队

1. 团队聚焦解决的产业关键问题

（1）商品肉鸡“16515”养殖技术推广示范。

（2）奶牛相关疾病的快速精准诊断及相关传染病的预测与防控。

2. 重大创新成果

（1）商品肉鸡“16515”养殖技术推广示范。

为新希望六和、亚太中慧、山东和康源等当地养殖企业及示范县养殖户免费提供技术服务。为当地龙头企业监测血清样品 30 000 余份，诊断病料 170 份。在疫病高发季节，帮助养殖场进行病原学监测，分析抗原变异情况；通过疫苗效力试验，筛选出了高效禽流感疫苗，及时指导企业使用最有效疫苗和最佳免疫程序。

近几年，调查发现 80% 商品鸡场的养殖失败原因：是传染性支气管炎和

H9禽流感得不到有效控制，每批鸡在出栏前，是25~35日龄，都会暴发传染性支气管炎或者H9禽流感，激发气囊炎，造成鸡群5%~10%死淘率，给鸡场带来巨大经济损失。鉴于这种情况，潍坊站协助技术骨干推出了“16515”养殖模式。

“16515”养殖模式主要包括有16个管理要点（涉及鸡苗选择、免疫程序调整，鸡舍环境控制等），按照该模式饲养，能够做到39~40天出栏，出栏体重达到2.5千克/只，全场料比达到1.5左右，平均药费低于0.8元/只。

2017年，在山东地区，示范“16515”养殖模式500万只，没有暴发禽流感和传染性支气管炎，平均料比1.58左右，获得经济效益1~2元/只，获得养殖户认可。商品肉鸡饲养周期短，一旦发病来不及治疗，预防传染性疫病发生仍是鸡场第一任务。同时给小鸡提供舒适环境，做好鸡场生物安全，也是为更好服务疫病防控这一主题。

（2）疫病诊断技术在养猪业的高效应用技术。

山东省是我国的生猪养殖大省，生猪出栏量仅次于四川、河南和湖南，生猪出栏量占到全国的6.8%。从时间轴上来看，20世纪90年代末期，山东省生猪养殖量出现了大幅增加，进入21世纪，养殖量增长速度放缓，年均增长稳定在0.6%左右。

山东省下辖17个地市，生猪养殖呈现规模聚集的状态，其中养殖量排在最前的是潍坊、临沂、菏泽、德州和济宁，仅这五个市的生猪出栏量就占到全省的76%，是山东省生猪主产区。而烟台、泰安、渠道、聊城和济南出栏量占比全省31.2%，是山东省生猪中产区，其他市区则养殖量较少。

据了解，山东省的生猪养殖规模化发展速度和水平也高于全国。2005年以来山东生猪产业规模化程度经历了从逐步提高到平稳上升的变化，2005—2007年，山东省生猪产业规模化程度从46.1%提高到68.94%，到2010年达到73.79%。2017年，山东省前18家生猪养殖龙头企业生猪年出栏量占本省15%以上，2020年预计占比将达到40%左右。疫病是制约养猪业发展的限制因素，本实验室针对猪场常见疫病开发了RT-PCR病原诊断技术，并利用ELISA试剂盒进行病原血清抗体检测。并且根据检测结果提供用药指南，使用药更有针对性，降低了药物使用率，提高了药物使用效率。

应用典型：2018年上半年累计检测病原1 843份，检测抗体3 254份。为疫病诊断，疫苗效果评估提供了直接的数据支持。降低药物使用率10%，提高成活率2%。为山东的养猪业健康发展提供了科学技术支撑。

（3）奶牛场布病综合防控技术。

技术介绍：布病是由布鲁氏菌引起的人兽共患传染病，是我国乙类传染病，主要侵害机体淋巴系统和生殖系统，家畜患病后可以发生胎膜发炎、不孕、不育、流产、睾丸炎等。山东省属于布病防疫1类地区，应采取检疫、扑杀和备案免疫相结合方式对该病进行防控。然而，在具体实施中存在诸多问题限制了这一防控策略的实施，这主要是由于缺乏及时高效的预警监测手段以及缺少疫苗免疫与野毒感染的鉴别诊断方法。奶牛场布病综合防控技术是在不断改善现有技术的基础上，形成的一套适用于山东省规模化养殖场进行布病防控的技术。本技术包括进场前动物的检查，场内动物自检和定期抽检以及疫苗免疫等，确保养殖场无外源菌带入，内部感染动物及时隔离淘汰等。该技术对牛场内布鲁氏菌病全面防控，及时控制病原菌的传播及再引入，确保牛只和工作人员，减少每年因此引起的经济损失数十万至上百万元。该技术保障人畜健康，尤其是场内工作人员的身体健康，对于山东省的健康养殖具有重要的示范推进作用。

产业应用典型：该技术已经在山东奥克斯畜牧种业有限公司种公牛站、得益牧业和现代牧业等规模化牧场推广使用。通过近两年的综合防控，山东奥克斯畜牧种业有限公司种公牛站于2017年通过省级评估验收，成为山东省首批省级牛羊布病净化场。另外，受科技部科技扶贫办公室和宁夏回族自治区科技厅的共同邀请，杨宏军于2018年3月11—15日赴宁夏进行宁夏地区牛病摸底调研，并与宁夏农林科学院动物科学研究所达成协议，共同承担宁夏地区扶贫项目——宁夏深度贫困区肉牛产业提质增效技术集成示范项目，通过本项目对宁夏地区养殖场进行布病综合防控。

（4）畜禽耐药菌监测和控制抗药性技术培训。

为了贯彻执行《遏制细菌耐药国家行动计划》和《遏制动物源细菌耐药性行动计划》，规范和统一实验室药敏试验技术，满足Varms成员单位监测和控制抗药性的需要，保证Varms监测结果和数据的可靠性和可比性，更好地服务于全省规模化养殖场兽医抗药性防控工作，创新工程团队成员耐药菌方向召开Varms药敏试验培训。

13家Varms成员企业的技术负责人或检测人员将分4批，参加培训研讨，手把手教，点对点学，花费整整一周时间确保交流充分，学习到位。各企业也作了交流报告，介绍本公司的发展状况和兽药科学使用的独到技术。

培训会详细讲解了细菌耐药性的概念、根源、药敏试验标准和方法，以历年的监测数据展示了国内动物源细菌较高的耐药性水平，系统介绍了自行研制的药敏检测仪和Varms监测网，探讨了降低耐药的策略和替代抗生素的技术方法，并以阳谷兽药监测监管示范县的成果证明了通过抗药性调控和绿色养殖大幅度降低耐药性的可行性。

本次培训包括兽医兽药的管理政策，细菌分离、培养、保存技术，质谱鉴定技术，药敏检测仪操作使用、检测质量控制、药敏试验结果分析技术，交流抗生素的使用规范与经验。药敏检测仪能大大提高检测效率和准确性，提供耐药性大数据，相信此次培训交流可以帮助 Varms 成员企业减少用药、精准用药，降低动物源细菌耐药水平，有助于保障企业公共卫生和食品安全。

3. 服务支撑典型农业新型经营主体取得实际效果

据官方统计，我国现有奶牛约 1 425. 3 万头，山东省奶牛存栏约 129. 3 万头，规模化和集约化养殖程度大幅提升，奶牛传染病流行频繁、淘汰率高，严重削减了奶牛养殖的利润，甚至为害养殖人员的健康。本团队基于奶牛疾病诊断与防治实验室，建立和集成了一系列奶牛疾病检测方法，形成牛病“防、检、治”服务技术体系，基于检测数据与临床反馈进行大数据分析，不断优化检测方法与防治方案，根据实时发病情况和流行规律开展疫病预警工作，为全省 85%规模化牧场乃至全国规模化牧场提供技术服务。据统计，2017 年于山东省 17 地市及江苏、甘肃、河北、山西等省收检相关样品共计 9 336 份。口蹄疫抗体水平评价 989 份，A、O 和 AsI 型抗体合格率分别为 69. 25%、75. 61%和 67. 90%，较往年平均水平低 10~15 个百分点。恰逢部分地区暴发口蹄疫疫情，通过口蹄疫抗体水平反应情况，通知牧场及时更换疫苗免疫及加免，控制口蹄疫的暴发，帮助牧场挽救数百万乃至数千万的损失。

4. 典型照片

邹平商品肉鸡样品采集

无棣生态养殖棚指导生产

省级布病净化场授牌仪式

国家两病净化示范场现场验收

畜禽耐药菌监测性技术培训

专家在养殖企业现场答疑

专家现场指导

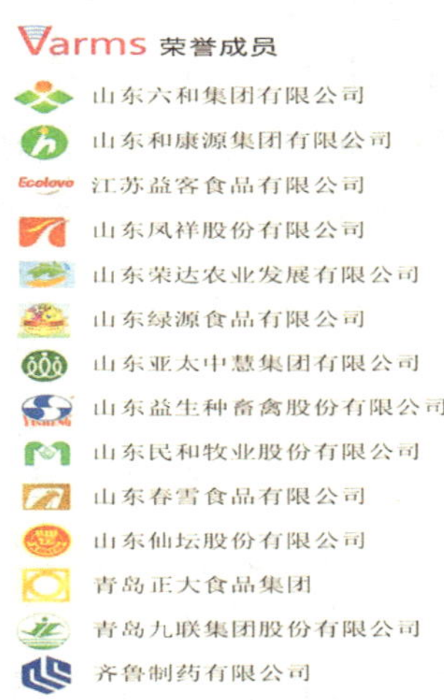

Vams 荣誉会员

四、农业检测和数据分析服务平台领域

（一）作物分子育种服务平台

1. 团队聚焦解决的产业关键问题

解决农业作物育种产业发展中常规选育品种效率低、盲目性大的突出问题，主要围绕玉米、小麦和水稻三大作物以及大白菜的新品种选育分子育种技术创新展开工作，突破高通量分子标记和现代化精准育种重大关键技术，取得新品种培育高通量分子标记关键技术自主知识产权重大科技成果，在支撑引领全省现代化作物新品种培育和育种效率方面发挥示范和技术储备作用，推动山东省作物分子育种技术水平更好地走在全国前列。

2. 小麦赤霉病多重 SSR 荧光标记检测技术体系

技术介绍：小麦赤霉病被称为小麦的“癌症”，是一种世界性病害，近年来由于极端天气变化，小麦赤霉病重发和发病范围北移，不仅影响小麦产量，而且发病后产生的真菌毒素（DON）污染麦粒，对人畜健康构成潜在威胁。在我国小麦赤霉病发病率和面积不断上升，高抗的主栽品种较少，防治小麦赤霉病迫在眉睫。目前，将不同抗病基因品种合理布局，或者将多个主效抗病基因聚合至一个品种，或者利用较好成株期抗性的品种，对于提高和保持品种的抗病持久性具有重要意义。目前现有已知抗性基因 7 个，本研究通过收集已报道的在普通小麦染色体 3BS（*Fhb*1）、6BS（*Fhb*2）、4B（*Fhb*4）和 5AS（*Fhb*5）上与赤霉病抗性紧密连锁的 24 对 SSR 标记特异引物，利用常规 PCR 筛选出每条染色体上扩增效率高、多态性好的引物，使用不同颜色的荧光染料对其 5′末端进行标记，根据扩增片段大小范围、信号强度将引物进行 2+2 组合，应用 ABI 3730XL 全自动 DNA 分析仪收集荧光信号，利用 GeneMapper v4. 0 进行数据分析，从而建立可同时检测四个小麦抗赤霉病位点的 SSR 荧光标记检测体系。该技术与传统的聚丙烯酰胺电泳法相比，具有准确率高、检测通量大、耗时短和数据采集自动化等优势，为小麦赤霉病分子标记辅助选择提供了技术支撑，尤其适用于大规模样本筛选，该项技术的推广利用可以显著缩短小麦抗赤霉病新品种的育成年限，将极大提高育种效率。

产业应用典型：生物技术研究中心依托山东农业科学院创新工程“作物分子育种服务”平台，利用开发的小麦赤霉病多重 SSR 荧光标记检测技术体系，与山东省农业科学院作物研究所合作，连续两年为小麦常规育种课题进行小麦赤霉病检测服务，共计检测样本 7 022 份，检测结果的高效、准确得到了育种专家们的认可。

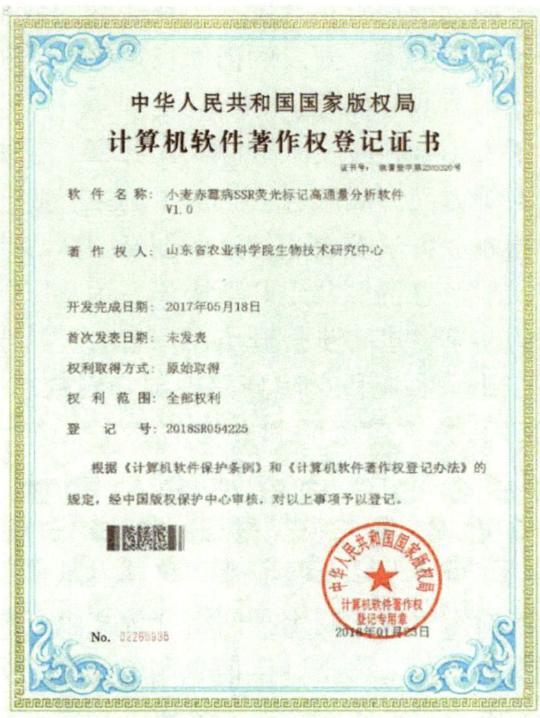
中华人民共和国国家版权局

计算机软件著作权登记证书

软件名称：小麦赤霉病SSR荧光标记高通量分析软件 V1.0

著作权人：山东省农业科学院生物技术研究中心

开发完成日期：2017年05月18日

首次发表日期：未发表

权利取得方式：原始取得

权利范围：全部权利

登记号：2018SR054225

根据《计算机软件保护条例》和《计算机软件著作权登记办法》的规定，经中国版权保护中心审核，对以上事项予以登记。

（二）农业科技信息与知识服务平台

1. 重大创新成果介绍典型示例

农业科技信息与知识服务平台。

技术介绍：作为山东省农业科学院首批启动的农业科技创新工程基础性任务，目的在于解决农业科技文献资源分析利用方式单一、学科服务不到位和农业科研基础数据分散、标准不统一的问题，提升农业科技文献资源和农业科研基础数据综合分析利用水平，增强学科服务能力。通过跨单位、跨学科、跨团队协作攻关，开发标准统一、数据丰富、功能全面、使用便捷的农业科技信息与知识服务平台，一是提供农业科技文献资源共享及知识服务，二是提供农业科研基础数据资源整合与共享服务，提升山东省农业科学院科技信息与知识服务能力，为科研创新和学科发展提供有力支撑。农业科技文献资源知识服务主要围绕学科调整规划和科研创新，紧跟服务团队的研究方向和学科前沿，凝练形成关于学科研究热点与前沿、学科发展趋势或学术竞争力分析等报告，为全院学科调整和创新发展提供数据支撑。农业基础数据资源整合与共享服务，制定农业科研基础数据资源标准规范，开发基于互联网的数据共享服务系统，整合开发农业科研基础资源数据库；开发的田间长期定位监测系统，可实现生产现场实时数据的长期稳定监测和保存、分析利用。

创新服务典型：紧紧围绕科技文献资源共建共享、数据资源整合、信息服务体系建设、技术培训等方面开展服务，打造了国家、省、市三级协同创新与服务体系。通过与中国农业科学院农业信息所创新团队深入对接，开展协同创新，签署了农业科技文献信息资源共建共享协议，用有限的资金实现与国家农业科技文献信息资源的共享，进一步提升了山东省农业科学院文献资源服务能力；牵头组织成立了“山东农业科学院分院中国知网数据库合作联盟”，联合 14 家地方分院开展院地科技文献资源和数据的共享服务，提升了院地科技文献资源的共享水平和效率。召开了全省首届农业科技信息与知识服务研讨会，中国农业科学院及全省 17 家分院均派员参加。“农业科技文献信息资源共建共享平台”注册用户已近 1 000 人，开展了外文科技文献传递服务，丰富了山东省农业科学院文献资源检索手段。制定了网络开放文献资源获取目录，编写并印发了《电子文献资源指南》《农业科技信息与知识服务平台知识手册》，实现网络开放农业科技文献资源的实时获取。形成了小麦、花生、甘薯、苹果等 6 个学科分析报告，为山东省农业科学院学科发展布局与决策提供数据支撑。开展了大规模文献资源普及与培训工作，在山东省农业科学院各研究所和地市分院开展了 20 余场近 1 000 人次的农业科技文献检索利用培训。与创新工程设立的大田生态环境定位监测、菜田资源环境定位监测、种质资源共享利用等任务创新团队进行深入对接，田间定位监测系统已在泰安、济阳、济宁、莱西、阳谷、烟台、邹城等大田、果园示范基地广泛应用，为农业生产者掌握气候变化、减少灾情发生提供预测预警。多种渠道加强服务与宣传，整合山东广播电视台、山东广电等单位资源进行科技信息与知识共享，有力宣传推广山东省农业科学院创新成果，提升了影响力。

2. 典型照片

山东省农业科学院机构知识库

学科分析报告与文献资源目录

田间长期定位监测设备和系统

在院属研究所和分院举办系列科技信息与知识培训会

（三）新品种测试与检测公共服务平台

新品种测试与检测公共服务平台任务团队成立于2017年，主要任务是进一步提升品种检测公益性服务能力和技术水平，满足急剧增长的品种检测需求。

1. 团队聚焦解决的产业关键问题

随着我国种业产业化进程的加速，新品种数量呈井喷之势，对DUS测试能力提出了更高的要求。与此同时，种业市场监管力度的加强，增大了对种质检测和转基因检测与安全评价的需求。品种检测能力不足是山东省农业科学院品种检测公益性服务平台亟须解决的问题。

团队积极为育种企业和政府种业管理部门提供DUS测试、种质检测和转基因检测与安全评价质检测和转基因检测与安全评价服务，2017年完成184份小麦、349份玉米、26份大豆、7份谷子、25份花生和31份大白菜品种DUS测试报告不同参数种质检测样品1 051份，完成转基因检测报告2 053份，满足了种业对DUS测试、种质检测和转基因检测与安全评价的需求。

2. 重大创新成果

DUS测试技术

技术介绍： 特异性、一致性和稳定性是对品种的基本要求，是品种权授权、主要农作物品种登记和非主要农作物登记的前提条件。《中华人民共和国种子法》要求所有申请品种审定的主要农作物品种和品种登记的非主要农作物品种进行DUS测试，提交DUS测试报告。DUS测试技术性强，育种人不具备测试能力。在创新工程支持下，团队积极为山东省及邻近省份育种人提供DUS测试技术服务。

应用情况： 2017年承担育种人委托的726份新品种的DUS测试，其中玉米340份，小麦264份，棉花72份，大豆17份，花生9份，谷子12份，大白菜12份，满足了育种人选育的新品种进行品种审定、登记的需求。

3. 典型照片

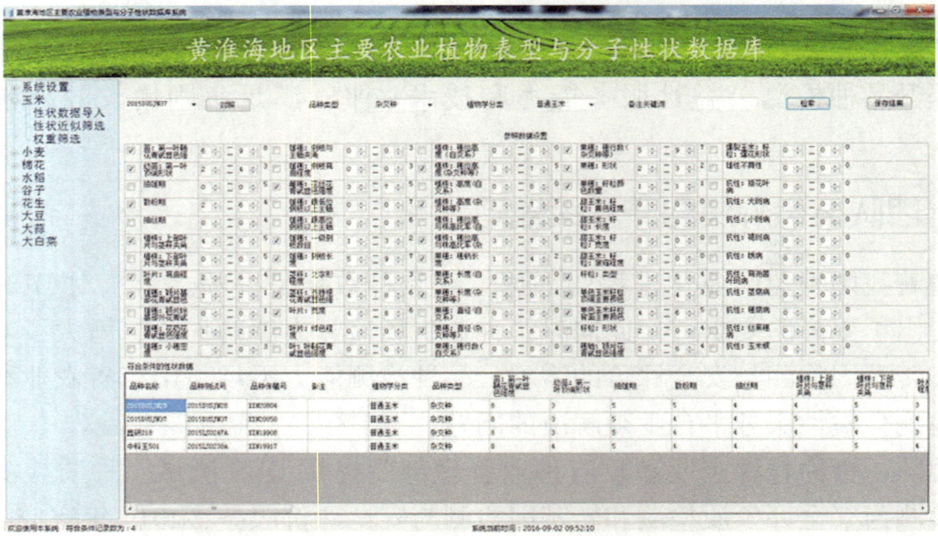

DUS 测试表型与分子性状数据库

玉米 DUS 测试试验

小麦 DUS 测试试验田

花生 DUS 测试试验田

（四）农业检验检测公共服务平台

1. 团队聚焦解决的产业关键问题

针对我国农产品中农药残留安全评价技术尚不完善，尚未建立完整的农产品农药残留安全评价体系的现状，本团队采取引进国际先进技术与消化吸收再创新、技术方法研究与标准建立有机结合的原则，通过完善农药残留检测技术，对农药的降解机理及规律进行了研究，制定了相应的农药合理使用技术准则，并通过膳食风险评估对农药残留限量标准制定进行研究，提出了农产品中农药残留最大限量标准建议，建立农产品中农药残留风险评估技术体系，并在农业生产中得到应用。

2. 重大创新成果

蔬果粮油等农产品中农药多残留GC-MS/MS、LC-MS/MS快速检测技术体系。

技术介绍：建立农产品中百余种农药残留QuEChERS检测方法，极大提高了我国农药残留快速检测技术水平，完善了农药残留检测技术体系。建立了茶叶中15种农药和芹菜中15种有机磷农药的残留检测方法，在基质前处理净化过程中均采用固相萃取技术，此方法操作简单、快速、回收率高，并且利用GC-MS/MS进行检测，采用经典的选择反应监测模式对目标化合物进行定性及定量分析，提高检测的灵敏度、有效地降低复杂基质中杂质的干扰，也避免了单纯的色谱检测法中由于杂质的干扰而造成的保留时间漂移或出现杂峰而使定性不准确的问题，从而提高分析的准确性及可信性。

产业应用典型：该成果采取多种推广手段加强推广与应用。成果在安全评价的基础上，建立了农药残留数据库和风险预警系统，研究结果已用于制定国家农药最大残留限量标准十余项，为政府开展农产品农药残留风险监测与管理提供有力的技术支撑；在山东及周边省市农产品质量安全监管、农产品检测机构、农药生产企业以及农产品生产示范基地得到广泛应用。

3. 服务支撑典型农业新型经营主体取得实际效果

通过建立标准化基地示范区、举办农药安全使用培训班，为基地技术人员和农民培训植保技术等措施，在项目组专家指导下开展了大量的推广试验，通过与农业技术推广单位合作，在烟台、滨州、莱芜等地区开展推广，指导农药合理使用，控制农药污染，减少了农药使用量，提升了产品质量安全水平；利用该项技术，项目组与山东胜邦绿野化学有限公司登记了18%松·喹·氟磺胺乳油，烟台市植物保护站制订了9种作物21种农药合理试验准则，莱芜市农业局制订了5种作物12种农药合理试验准则，滨州市植物保护站3种作物9种农药合理试验准则。

4. 典型照片

气质联用仪样品检测

2017 年烟台果品质量安全与标准化培训

五、农业科技决策咨询领域

山东农业科技智库

1. 团队聚焦解决的产业关键问题

围绕制约山东现代农业发展的科研创新、产业融合、转型升级等关键问题进行调查分析和综合研判，为山东省农业科研、农业经济增长和政策宏观决策提供科技支撑，为山东省农业科学院全局性、长远性农业科技事业发展提供咨询建议、做好决策评估。

2. 重大创新成果

（1）典型示例一。

主要特征：配合推进山东省科教资源整合，破除制约科技创新的体制机制障碍，不断提升全省科研院所发展水平，根据省委省政府部署要求和院党委行政的安排，智库团队组织起草了《关于山东省农业科技资源优化配置的构想》《山东省农业科学院山东农业大学实质性合作方案》上报省政府。建议建立“一会两线”工作格局，双方各自遴选优势资源，共同打造集科学研究、人才培养、成果转化、创新创业等多功能于一体的协同创新综合体——山东现代农业创新研究院，形成双方优势互补、教研相长的新格局。

取得效果：合作方案呈报省政府后，2016 年 8 月和 10 月分别得到时任省长郭树清等多位省领导的批示。根据时任省长郭树清、常务副省长孙伟的意见，省政府办公厅在山东省农业科学院方案的基础上制定了《山东农业大学与山东省农业科学院共建山东现代农业创新研究院的初步方案》。山东现代农业创新研究院定位山东农业发展新旧动能转换的“驱动器”、海内外高端人才集聚的“新高地”、国家重大研发项目计划的“主载体”、国家一流科研设施装备的“大平台”和农业科技体制机制改革的“试验田”。在院党委行政正确决策下，智库团队充分发挥决策咨询和参谋服务作用，在农业科教资源优化整合过程中，山东省农业科学院机构建制予以保留，科研队伍保持稳定，并在资金、政策等方面得到更为全面、更加有力的支持，为持续打造农业科研“百年老店”、实现科研强院农业强省梦想奠定了根基。

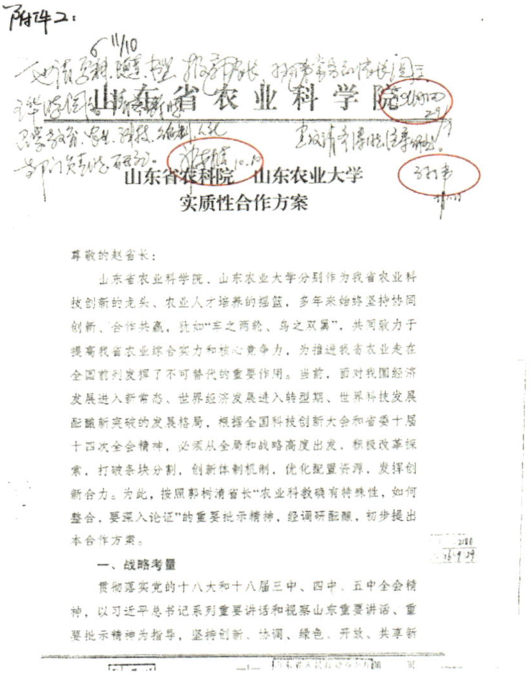

山东省农业科学院

山东省农科院 山东农业大学
实质性合作方案

尊敬的赵省长：

山东省农业科学院、山东农业大学分别作为我省农业科技创新的龙头、农业人才培养的摇篮，多年来始终坚持协同创新、合作共赢，犹如“车之两轮、鸟之双翼”，共同致力于提高我省农业综合实力和核心竞争力，为推进我省农业走在全国前列发挥了不可替代的重要作用。当前，面对我国经济发展进入新常态、世界经济发展进入转型期、世界科技发展酝酿新突破的发展格局，根据全国科技创新大会和省委十届十四次全会精神，必须从全局和战略高度出发，积极改革探索，打破条块分割，创新体制机制，优化配置资源，发挥创新合力。为此，按照郭树清省长“农业科教确有特殊性，如何整合，要深入论证”的重要批示精神，经调研酝酿，初步提出本合作方案。

一、战略考量

贯彻落实党的十八大和十八届三中、四中、五中全会精神，以习近平总书记系列重要讲话和视察山东重要讲话、重要批示精神为指导，坚持创新、协调、绿色、开放、共享新

—1—

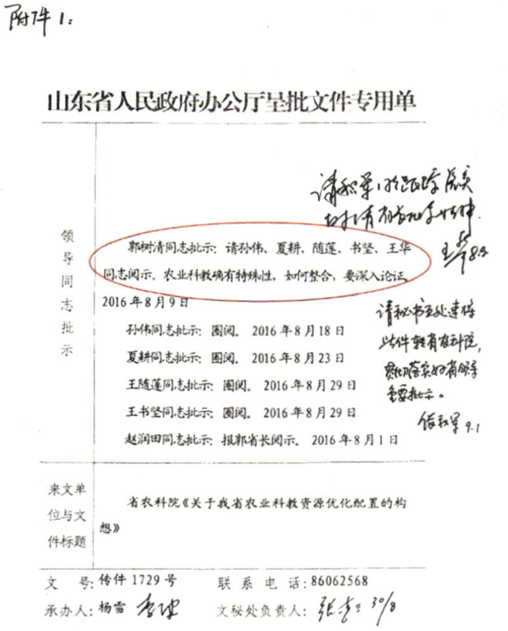

山东省人民政府办公厅呈批文件专用单

领导同志批示	郭树清同志批示：请孙伟、夏耕、随莲、书坚、王华同志阅示。农业科教确有特殊性，如何整合，要深入论证 2016年8月9日 孙伟同志批示：圈阅。2016年8月18日 夏耕同志批示：圈阅。2016年8月23日 王随莲同志批示：圈阅。2016年8月29日 王书坚同志批示：圈阅。2016年8月29日 赵润田同志批示：报郭省长阅示。2016年8月1日
来文单位与文件标题	省农科院《关于我省农业科教资源优化配置的构想》

文　号：传件1729号　　联系电话：86062568

承办人：杨雷　　文秘处负责人：

（2）典型示例二。

主要特征：为服务“两区一圈一带”战略实施，山东省农业科学院与烟台市政府合作共建山东省农业科学院胶东半岛创新中心，对组织形式、运行机制、学科布局、岗位设置、建设内容和资金投入等进行了创新。全面加强院地合作，搭建科技研发和成果转化平台，促进烟台市优势农业产业与省农业科学院优势科技资源有机结合，实现互利共赢、共同发展。智库团队成员积极配合相关处室，做好胶东半岛创新中心方案编制与论证工作，并多次与烟台市政府进行对接、沟通、协商，加快推动任务实施进度。

取得实际效果：2016年12月15日，院地双方在烟台正式签订胶东半岛创新中心共建协议，山东省委原副书记、省委农村工作领导小组副组长王军民，时任烟台市委书记孟凡利，山东省农业科学院院长万书波出席签约仪式，时任烟台市副市长宋卫宁、山东省农业科学院副院长杜方岭分别代表双方在协议上签字。2017年7月完成胶东半岛创新中心建设总体方案编制工作，并通过了由中国工程院院士陈剑平领衔的专家委员会的评审论证。胶东半岛创新中心由山

东省农业科学院和烟台市人民政府合作共建，烟台市财政提供 3 000 万元建设补助资金，已列入地方财政预算并到位。胶东半岛创新中心是山东省农业科学院科研力量在全省战略布局的重要组成部分，将建立全新的运行机制，打造科技创新“试验区”和薪酬“特区”，有利于实现双方优势叠加与资源整合，对引领胶东地区农业提质增效、转型升级，加快“两区一圈一带”区域发展战略实施，推动农业供给侧结构性改革，培育农业农村发展新动能，支撑乡村振兴和山东农业继续走在全国前列具有重要意义。

六、现代种业领域

（一）小麦育种体系与关键技术团队

1. 团队聚焦解决的产业关键问题

（1）优异种质创制。目前，生产上主要推广应用的小麦品种同质化程度高，遗传基础狭窄，缺乏新种质的创新与利用。针对上述问题，将小麦与其远缘物种无芒山羊草、顶芒山羊草、沙融山羊草和二角山羊草进行远缘杂交，创制了一大批远缘杂交新材料。同时，建立了鉴定小麦背景中无芒山羊草、顶芒山羊草、沙融山羊草和二角山羊草染色质的分子和细胞遗传学方法，并利用建立的小麦远缘物种特异分子和细胞遗传学标记，筛选出了一批抗白粉病的小麦—无芒山羊草 7T 附加系、抗条锈病的小麦—二角山羊草 7Sb（7B）代换系和小麦—无芒山羊草 2T 附加系，为今后进一步提高小麦产量潜力、抗病性、抗逆性等，提供了丰富的种质资源。

（2）异地鉴定平台。近几年，山东省育成了一批产量潜力超过 800 千克/亩的小麦新品种，但这些品种易倒伏、抗病抗逆性差，产量不稳定，很难在生产上大面积推广应用，主要原因是缺乏科学、有效的广适性鉴定方法。针对上述问题，在陵城、烟台、青岛、菏泽、济宁、泰安等全省不同生态类型区，建立了精准异地鉴定平台，在招远建立了“山东省农业科学院招远小麦科技成果示范基地”，为更好地鉴定育成品种的广适性及挖掘产量潜力提供了有力支撑。

（3）品质快速检测技术。山东省是优质强筋小麦生产优势区域，然而近几年育成品种数量少、品质稳定性差，这主要原因是缺乏系统、快捷的检测方法。针对上述问题，在多年品质育种研究工作的基础上，建立了利用分子标记（如 Bx7、By8、Dx5 等）检测与单粒谷物测定仪（SKCS）、近红外仪（NIR）和揉面仪（Mixogram）等分子和理化检测手段相结合的小麦品质快速检测方法，筛选育成济麦 44、55、106、5022、5028 等一批优质强筋育种材料。

2. 重大创新成果

（1）高产优质小麦新品种济麦 23。

主要特征：济麦 23 是山东省农业科学院和中国农业科学院合作以豫麦 34 为母本，与济麦 22 为父本杂交后再用济麦 22 回交 2 次，利用分子标记辅助选择技术育成的小麦品种，2016 年通过山东省审定，审定编号：鲁审麦 20160060。该品种属半冬性，幼苗半匍匐，株型半紧凑，叶耳白色，旗叶微卷上举，熟相好，生育期 233 天，长芒、白壳、白粒，硬质。有以下几个特点：一是产量高，山东省区试中，较济麦 22 增产 4.83%，最高实打亩产 795.83 千克；二是品质优，籽粒蛋白质含量 14.4%，湿面筋 34.7%，沉淀值 36.6 毫升，吸水量 66.3 毫升/百克，稳定时间 6.7 分钟，达到优质中强筋标准；三是抗病性好，高抗叶锈病、慢条锈病、中感白粉病和纹枯病。

产业应用典型：目前，济麦 23 在山东省进行推广应用，表现出了良好的适应性。2016—2017 年度仅曲阜市陵城镇和邹平县焦桥镇引种 7 700 亩，每亩增产 30 千克，获得直接经济效益超过 50 万元。据不完全统计，该品种 2017 年秋播面积超过 10 万亩，按每亩增产 28 千克计算（省区试中与济麦 22 比较），可增加社会经济效益 640 多万元。

（2）优质强筋小麦新品种（系）济麦 44。

济麦 44 是山东省农业科学院自主育成的大穗、大粒超强筋小麦 954072 为母本，以优质面包专用小麦品种济南 17 为父本，采用品质快速检测技术和系谱法相结合育成的小麦新品系。该品系属半冬性，幼苗半匍匐，植株繁茂性较好，株型半紧凑，穗纺锤形，长芒，白粒，角质，成熟期较济麦 22 早 1~2 天。在山东省区试中，两年平均亩产 603.7 千克，较对照增产 2.25%。籽粒蛋白质含量 15.35%，湿面筋 35.1%，沉淀值 51.5 毫升，吸水率 63.75 毫升/百克，稳定时间 25.45 分钟，品质指标达到优质强筋标准，在 2017 年度全国小麦质量报告中，达到了郑州商品交易所期货用一等优质强筋小麦标准。

由于该品系品质优、抗病抗逆性好，自参加区域试验以来，一直受到农民、种子企业、粮食企业、加工企业和媒体的关注，目前已完成山东省生产试验，今年有望通过审定。

3. 服务支撑典型农业新型经营主体取得实际效果

近年来，作物研究所与招远穗丰种植专业合作社在济麦系列小麦品种高产创建示范等方面合作成效显著。在招远穗丰种植专业合作社新品种试验示范基地，2016 年济麦 23 实打亩产 795.83 千克，2018 年济麦 60 和济麦 23 分别实打亩产 749.1 千克和 731.5 千克，产生了广泛的影响。为了加强合作，2017 年 5 月 11 日，作物所与招远穗丰种植专业合作社共同成立了“山东省农业科学院招远小麦科技成果示范基地”。

经团队成员推介服务，惠民利达源粮棉果蔬种植专业合作社，2016 年引种 200 亩优质强筋小麦济麦 229，通过面粉企业加价（0.3 元/千克），增加效益达 3.3 万元，2017 年合作社种植济麦 229 规模扩大到了 4 000 亩。

4. 典型照片

高产优质小麦新品种济麦 23

在招远成立“山东省农业科学院招远小麦科技成果示范基地”

优质强筋小麦新品种（系）济麦 44 面包切片图

（二）花生育种体系与关键技术团队

1. 团队聚焦解决的产业关键问题

在项目的实施过程中，紧紧围绕生产一线产业发展需要，聚焦解决影响发展的关键问题。

一是团队牵头单位与省内主要花生育种单位、地市级农业科学院和企业联合建立了“育种机构+区域育种站+企业”的花生育繁推一体化体系，并开展了花生新品种登记实验。

二是选育高产优质抗逆花生新品种，以“花生高产高效栽培技术体系建立与应用”和“绿色食品花生高产配套生产技术”为配套技术，通过品种与配套技术的试验、示范、组装、集成，实现良种良法配套高效生产良种、盐碱地高产栽培示范带动扩大花生种植面积，促进农民增产增收，增加油脂原料供给。

2. 重大创新成果

花育 36 号盐碱地良种良法配套栽培技术。

技术介绍：花育 36 号是以花选 1 号×95-3 为亲本杂交选育的高产优质抗逆大花生新品种，该品种百果重 270. 05 克，百仁重 107. 95 克；叶斑病抗性高，耐盐碱、种子休眠性强。花育 36 号平均含油量 51. 14%；粗蛋白含量 26. 08%，比同类品种高 1. 5%；亚麻酸含量 0. 2%；油酸含量 43. 1%；亚油酸含量 35.5%。2016—2017 年在东营、聊城、潍坊多地进行盐碱地高产栽培试验，研发了盐碱地花生单粒精播、“两肥一减”高效施氮、病虫草害综合防治、科学化控、适期晚收等 5 项关键技术，为盐碱地花生高产栽培提供了技术支撑；集成了盐碱地花生轻简化生产技术规程，为大规模标准化生产奠定了基础。2016 年高唐县梁村镇盐碱地种植花育 36 号平均亩产 458.4 千克；东营垦利盐碱地花育 36 号平均亩产 513 千克。

产品应用典型：目前，花育 36 号盐碱地种植技术在聊城市得到快速推广，盐碱地由棉花改种花生，较好地解决了作物轮作和种植效益低的问题。聊城市 2017 年盐碱地由棉花改种花生（花育 36 号）面积达到 3 万余亩，带动农民每亩增收 800 元左右；花育 36 号受到了聊城和菏泽等盐碱地区农业部门的关注，辐射带动了周边聊城市茌平县、冠县，菏泽市鄄城县，滨州市无棣县 4 个县；发展花生种植合作社 3 家，2018 年盐碱地区种植面积达 5 万余亩。

3. 服务支撑典型农业新型经营主体取得实际效果

在兖州如美花生专业合作社、临沂、即墨、胶州和沾化等地举办花生良种良法配套种植技术培训班；到滨州益农花生协会合作社及省内多个花生经营大户现场指导花生种植，为种植户和广大农民提供了全新的种植技术。2017 年农业新型经营主体种植花育 36 号 40 万余亩，按每亩增产 100 千克、每亩增收 500 元计，共计带动农民增收约 1.6 亿元。

4. 典型照片

鄄城县召开高油酸花生新品种观摩会

兖州如美花生专业合作社田间指导

（三）玉米杂种优势利用育种体系与关键技术团队

1. 团队聚焦解决的产业关键问题

杂种优势利用在现代玉米育种和生产中发挥着非常重要的作用，构建杂种优势利用育种体系是杂交育种持续发展的重要保障。以分子技术为主的 DNA 测序技术、SPT 技术和分子标记辅助选择已成为国外大型种业公司在玉米种质资源挖掘利用和优良品种选育中的主要技术手段。当前，国内玉米杂交育种中存在的突出问题有：一是缺乏早熟、耐密、高抗（抗倒、抗病、耐高温等）、适宜机械化、配合力高的优异种质资源；二是育种技术相对单一，单纯依靠杂交、回交、测交等常规技术手段，优异性状聚合度差、周期长、效率低，诱变育种技术、单倍体、分子标记、基因工程等生物育种技术与常规育种技术结合少，缺少成熟高效的杂种优势利用技术体系；三是缺乏对强优势杂交组合产量、品质、抗性的综合评价体系，难以解决杂种优势不同年份、不同地区表现不稳定的现象。针对以上制约因素，本项目在已有种质引进、扩增与改良和分子遗传等研究成果基础上，创制突变体材料，研究玉米杂种优势利用关键技术，构建玉米杂种优势育种技术体系，选育突破性优良玉米杂交种。

2. 重大创新成果

高产优质多抗玉米新品种齐单805。

品种主要特征：齐单805由山东省农业科学院玉米研究所与山东鑫丰种业股份有限公司通过科企合作联合育成，于2017年5月通过山东省审定（鲁审玉20170012）。齐单805母本自交系Lx4201有效融合了PB和兰卡种质，集成了基础材料的抗病性强、出籽率高、自身产量高的优点；父本自交系Lx2314主含黄改种质，是黄改系中少有的高抗玉米粗缩病自交系。齐单805具有高产、优质、多抗、粮饲兼用等优良特性，可作为粮改饲的青贮玉米品种：一是产量高，齐单805在2013年山东省4500密度组玉米预备试验中，平均亩产659.7千克，比对照郑单958增产14.7%，7增0减，在323个参试品种居第4位；2014—2015年在山东省4500密度组区域试验中，两年平均亩产724.7千克，比对照郑单958增产6.0%，28处试点24点增产4点减产；2016年生产试验中平均亩产658.6千克，比对照郑单958增产7.7%。二是品质优良，2015年经农业部谷物品质监督检验测试中心（泰安）品质分析粗蛋白含量10.16%，粗脂肪3.2%，赖氨酸2.82微克/毫克，粗淀粉73.46%。三是抗黄淮海夏玉米区多种病虫害，2015年经河北省农林科学院植物保护研究所抗病性接种鉴定中抗茎腐病，抗小斑病、弯孢叶斑病，高抗矮花叶病，感大斑病、瘤黑粉病，高感褐斑病。四是生物产量高，齐单805株型紧凑，全株叶片18~20片，株高294.5厘米，穗位115.0厘米，倒伏率4.4%、倒折率0.9%。

产业应用典型：山东鑫丰种业在西北新疆和甘肃进行了齐单805亲本扩繁和制种，山东鑫丰种业联合其合作企业重点在山东聊城、菏泽、济宁、德州等玉米优势产区开展了高产高效栽培技术研究与展示，集成了配套生产技术。齐单805已累计示范推广8万亩。

3. 服务支撑典型农业新型经营主体取得实际效果

通过科企合作，与山东鑫丰种业联合育成齐单805、齐单828等高产、优质、抗逆审定玉米新品种，其中齐单805于2017年5月通过山东省审定（鲁审玉20170012），齐单828于2017年6月通过国家审定（国审玉20176098），另有鲁单6171、鲁单6172、齐单831、齐单832、齐单855等18个品种正在参加国家和省级区域试验、绿色通道试验、联合体试验等审定试验程序。通过科企合作，为企业培养育种专业人才5人，举办技术交流会3次，累计示范推广玉米新品种15万亩。

玉米研究所通过院地合作，组织菏泽市农业科学院、济宁市农业科学院、日照市农业科学院、临沂市农业科学院、潍坊市农业科学院等兄弟院所开展玉米育种新技术和新种质的交流交换工作，分子标记技术、单倍体技术及 15 份交换种质已在种质创新和新品种培育研究中得到广泛应用，累计育成优良自交系 12 份。

4. 典型照片

指导玉米生产——临沂

新品种观摩会

（四）黄河流域优质宜机采棉花育种体系与关键技术团队

1. 团队聚焦解决的产业关键问题

山东是全国重要的棉花生产、消费和纺织品服装出口大省。棉花种植面积和总产仅次于新疆，位居全国第二，棉花产业经济发展总量位居全国前列。棉花生产在山东省农业农村经济乃至整个国民经济中具有举足轻重的地位。但随着国内外市场形势的变化，山东省棉花供需结构发生巨大变化，生产用工多、成本高、效益低等问题日益突出。扭转棉花生产连续下滑态势，推动棉花产业提质增效转型升级、实现新旧动能转换，是未来一个时期山东棉花产业面临的重大课题。

本团队针对当前棉花生产用工多、效益低、纤维品质不能满足纺织工业转型升级需求的重大问题，一方面聚焦适宜棉花机械化的农艺性状改良，进一步提高棉纤维的长度、强度、细度及成熟度等品质指标与易管性，培育黄河流域适宜机械化采收的优质棉花新品种；另一方面以纺织需求为导向，由产业化龙头企业牵头，实行订单式农业，探讨建立棉花生产供给新模式，力求通过推动与合作社+大户+轧花企业+纺织企业协作，建立订单式、托管式、联盟制等多种模式，推进棉花一二三产业融合发展。

2. 重大创新成果

（1）国审抗虫棉新品种鲁棉 1127。

品种主要特征：鲁棉 1127 是以鲁棉研 21 号为母本、鲁棉研 28 号为父本杂交后系统选育的优质、稳产的转基因常规抗虫棉品种，具有早熟性好、后期不早衰的典型特点。2014 年获得转基因安全证书［农基安证字（2013）第 188 号］，2015—2017 年参加黄河流域国家棉花新品种区域试验，2018 年通过国家农作物品种审定委员会审定（国审棉 20180002）。鲁棉 1127 植株较松散，结铃性强，赘芽少，早熟性较好，后期不早衰，适宜轻简化、机械化种植管理。其 HVICC 纤维上半部平均长度 29. 3 毫米，断裂比强度 31. 3 厘牛/特克斯，纤维品质优良。国家区试两年平均籽棉、皮棉和霜前皮棉亩产分别比对照增产 7. 2%、14. 8%和 13. 5%，生产试验籽棉、皮棉、霜前皮棉亩产分别比对照增产 5. 6%、17. 3%和 19. 1%。适宜在天津、山西南部、陕西关中、河北、山东、河南、江苏淮河以北和安徽淮河以北棉区种植。

产业应用典型：鲁棉 1127 属于中早熟品种，适宜在天津、山西南部、陕西关中、河北、山东、河南、江苏淮河以北和安徽淮河以北棉区中上等地力棉田春套或春直播种植。目前，已在山东、河北、河南等省市进行了示范展示，表现出了良好的适应性。拟授权山东苗宝种业有限公司对该品种的经营权，加大品种推广力度。

（2）山东省审抗虫棉新品种鲁棉 1131。

品种主要特征：鲁棉 1131 是以抗虫棉品系 GK52 为母本、矮秆优质种质资源 B2RF 为父本杂交后系统选育的优质高产转基因常规抗虫棉品种。2015—2016 年参加山东省区域试验，2017 年进入山东省生产试验；2016—2017 年参加国家黄河流域区域试验；2018 年通过山东省品种审定委员会审定。鲁棉 1131 为中早熟品种，结铃性好，吐絮畅，纤维品质突出，皮棉颜色洁白、有丝光。山东省棉花品种区域试验中，两年平均籽棉、皮棉及霜前皮棉亩产分别比对照增产 3.2%、8.1%和 8.5%；生产试验籽棉、皮棉及霜前皮棉亩产分别比对照增产 3.3%、6.7%和 7.9%。国家黄河流域常规区试中，两年平均籽棉、皮棉及霜前皮棉亩产分别比对照石抗 126 增产 2.9%、15.5%和 14.6%。2015—2016 年山东省棉花品种区域试验测试，HVICC 纤维上半部平均长度 29.4 毫米，断裂比强度 29.5 厘牛/特克斯，马克隆值 5.3，纺纱均匀性指数 133.8。2016—2017 年国家黄河流域常规区试测定结果，HVICC 纤维上半部平均长度 30.7 毫米，断裂比强度 32.4 厘牛/特克斯，马克隆值 4.7，纺纱均匀性指数 158，纤维品质优异，是纺织企业满足优质棉需求的首选品种。

产业应用典型：鲁棉 1131 目前已在滨州、东营、聊城等多个地市进行了示范展示，作为近年来品质与丰产性综合表现较好的一个代表性品种，得到了棉纺企业和种植大户的青睐。其中在棉花种植面积长期稳定在 6 万亩以上的无棣县西小王镇，鲁棉 1131 作为适合该棉区种植、达到棉纺企业纺织指标要求的优质新品种，在 2018 年建立百亩示范方 2 处、示范点 5 处，带动辐射近 5 万亩棉田。

3. 服务支撑典型农业新型经营主体取得实际效果

2018 年 5 月，与山东钟金燕家纺有限公司联合申报了滨州市优质棉花纤维研究与利用工程技术研究中心，并在优质棉花纤维品种筛选、棉花纤维加工工艺改造、创新型棉产品开发等方面开展了密切合作。

4. 典型照片

重大创新——鲁棉 1127 典型单株与田间典型单株图

重大创新——鲁棉 1131 典型单株与吐絮期大田照片

服务产业典型——服务无棣合作社棉花品种示范田

（五）蔬菜杂种优势利用育种体系与关键技术团队

1. 团队聚焦解决的产业关键问题

安全、优质是目前蔬菜生产的重中之重，然而随着品种进出口政策的开放，全国各地之间品种的频繁流通，病虫害日益严重。抗病品种的选育可以有效降低病虫害发病率，减少农药的施用，同时大大提高了蔬菜生产安全，绿色高效。因此我们针对目前大白菜、萝卜、番茄、黄瓜等作物目前生产上易发和难防治病害，进行了相应抗病品种的选育。如针对大白菜新兴病害根肿病防治难、缺乏有效抗性品种的问题，选育出了抗根肿病的系列新品种，并在病害高发区进行了示范推广，抗病效果显著，有效缓解了抗根肿病大白菜新品种缺乏的问题。

近几年来，蔬菜价格波动频繁，极大影响了菜农效益，消费者的菜篮子稳定供应。2018 年春节前后，山东番茄价格出现下滑，此后价格一直不稳定，泰安更是出现万亩番茄生产基地滞销的局面。通过市场调研表明，影响价格的关键因素是稳定的销路和产品的质量，因此在一些大的、开发比较早的蔬菜生产基地，价格相对稳定，另外产品的质量也是也是影响价格的重要因素。垛石番茄是济阳县的地理标志农产品，2014 年被认定为山东省著名商标，已经逐步成为长江以北最大的优质樱桃番茄种植区。因此我们选择了垛石番茄这个品牌，着力于提高产品的质量安全，为垛石番茄特色品牌种植基地进行了一系列的技术服务，提高了品牌产品的竞争力。

2. 重大创新成果

抗根肿病春白菜品种“青研 CR20”。

品种主要特征：利用单倍体培养、根肿病分子标记、苗期接种鉴定技术相结合育成的抗根肿病的耐抽薹春白菜杂种一代，与日本、韩国进口品种相比，商品性状相近，抗病性强、适应性广，尤其根肿病抗性显著优于进口品种。解决了大白菜抗根肿病品种必须依赖进口种子的局面，节省了农民的成本，减少了生产行根肿病造成的毁灭性损失。该品种通过了新品种审定，是国内第一个通过审定的抗根肿病春白菜品种。母本 CRA-2 选自东方皇冠，为 Ogara 胞质雄性不育系，父本 JW-2 选自极品旺春。生长期 60~65 天，植株较开张，株高 38 厘米，开展度 61 厘米，外叶绿色，平展，叶面较皱，近全缘，合抱稍舒心，叶球矮炮弹形，芯叶黄色，球高 23 厘米，球径 17.2 厘米左右，球形指数 1.32，单株净菜重 2.1~2.4 千克，净菜率 62%左右，田间综合抗性较强，抗根肿病，耐抽薹，品质优良。

产业应用典型：该品种抗根肿病能力强，适应不同栽培季节，在生产示范中得到农户认可，符合市场需求，有良好的市场推广应用前景。目前品种在青岛、云南双龙、湖北火烧坪、重庆武陵等高山地区以外的根肿病发病区进行推广应用，已累计推广 2 000 亩左右。

3. 服务支撑典型农业新型经营主体取得实际效果

课题组与济阳垛石特番茄品牌基地建立了长期合作服务。垛石番茄基地主要种植樱桃番茄，其中无土栽培以采摘观光为主。课题组为基地提供了多颜色、多性状的樱桃番茄品种，丰富了采摘类型，上乘的口感得到消费者的认可。赛珍珠、冬韵两个品种在基地种植后，比同类品种的同期价格平均高 0.6 元/千克。为基地引进了枯草芽孢杆菌进行土壤处理，有效保护了土壤健康，降低了土传病危害。对基地购买的每批秧苗进行病毒病的提前检测预报，及时预防病毒病的发生。以上品种技术的结合应用，基地节本增效成果显著，据统计，每亩日光温室可增收 1 500 元。

在番茄生产管理的关键时期进行技术培训。8 月定植时期进行预防茎基腐病、徒长、落花落果等技术培训；9—10 月进行熊蜂授粉、天敌诱杀等生物防治技术的培训应用。通过培训，基地种植的产品真正达到了绿色生产技术标准，抽检产品均达到合格，巩固了“垛石小番茄”的品牌质量。

4. 典型照片

青研 CR20 叶球图片

青研 CR20 田间对照示范图片

垛石特番茄品牌基地技术培训

新品种展示

（六）水稻杂种优势利用育种与关键技术团队

1. 团队聚焦解决的产业关键问题

山东稻区及黄淮稻区当前以及未来的很长一段时间主要以种植常规粳稻为主，杂交粳稻在保护品种培育人利益以及保证种业公司收益等方面具有得天独厚的优势。但是，由于杂粳主要存在如优势不强、制种产量水平较低及品质一般等原因，近年来严重限制和影响了其研发的投入以及在市场的推广应用等。

针对目前杂交粳稻产业现状中存在的以上问题，本团队在前期工作基础上主要做了以下工作。

（1）积极引进种质材料，力求解决由于亲本间遗传基础狭窄、缺乏多样性等引起的产量优势不明显的产业关键问题，引进了华占、R900、五山丝苗、绵恢 528、华珍等籼型恢复系以及异交习性高、配合力强的深 08S、Y58S 等两系不育系；利用引进的恢复系及两系不育系与本团队前期积累的不育系及常规中间材料进行了广泛的测交组配，筛选优异组合。

（2）针对目前杂交粳稻制种产量低的问题，在选育不育系时重点选择柱头外露率高、花时历时长、花时早的不育材料，同时配置高柱头外露率材料 L1112/W1723 的分离群体，进行影响柱头外露率基因的鉴定。

（3）为定向改良不育系的品质情况，积极培育优质、早熟的中间材料作为不育系改良的轮回亲本，目前已经选育出一批如圣稻 177、圣稻 166 等稳定品系或中间材料，并作为常规稻参加了区试，表现良好，有望审定。

2. 重大创新成果

圣稻 18。

品种主要特征介绍：圣稻 18 是由山东省水稻研究所育成的粳型常规水稻品种，于 2016 年通过国家水稻品种审定。近年来，机械化种植成为水稻生产的主要生产方式，以及随着人民生活水平的提高，消费者对优质大米的需求越来越高，对稻米的质量安全也越来越重视，所以生产上对品质好、抗病性强适宜机械化生产的水稻品种需求迫切。圣稻 18 能够很好的满足目前水稻生产对品种的需求，一是稻瘟病抗性好，圣稻 18 国家区试两年的稻瘟病综合抗性指数分别为 2. 1 和 2. 6，穗颈瘟损失率最高级 1 级，抗稻瘟病；二是品质优，整精米率 66. 5%，垩白粒率 24%，垩白度 1. 8%，直链淀粉含量 16. 2%，胶稠度

67 毫米，达到国家《优质稻谷》标准 2 级；三是株高适中，抗倒伏，适宜机械插秧。

产业应用典型：目前，圣稻 18 已经在包括济宁、东营、临沂等山东稻区及苏北、皖北等稻区进行了推广应用，均表现出了良好的抗病性和丰产性。济宁市任城区农丰农作物种植合作社自 2016 年开始机械插秧种植圣稻 18 以来，该品种因其抗性好、米质优表现突出，受到当地种植户的欢迎。2018 年，农丰农作物种植合作社接到机插秧订单 3 200 余亩，其中圣稻 18 的机插订单面积接近 2 000 亩，其余机插品种也主要是以水稻所育成的圣稻 20 及长粒香为主。圣稻 18 品质达国标二级，稻谷价格高于普通稻谷，多数农户按照种子价格进行销售，为种植户每亩增收约 160.00 元。圣稻 18 的选育及推广应用，利于稻农增产增收，该品种抗病性强，既减少农药使用，又利于环境保护和食品安全，生态效益显著。另外，圣稻 18 稻瘟病抗性好，品质优，被多家育种单位引进作为亲本杂交材料，为育种拓宽了种质基础。

3. 服务支撑典型农业新型经营主体取得实际效果

济宁市任城区农丰农作物种植合作社自 2016 年开始机械插秧种植圣稻 18 以来，该品种因其抗性好、米质优表现突出，受到当地种植户的欢迎。2018 年，农丰农作物种植合作社接到机插秧订单 3 200 余亩，其中圣稻 18 的机插订单面积接近 2 000 亩，其余机插品种也主要是以水稻所育成的圣稻 20 及长粒香为主。圣稻 18 品质达国标二级，稻谷价格高于普通稻谷，多数农户按照种子价格进行销售，为种植户每亩增收约 160.00 元。

4. 典型照片

圣稻 18 机械插秧育秧

圣稻 18 机械插秧

圣稻 18 江苏生产

圣稻 18 大面积生产

七、作物栽培与种植制度领域

（一）“粮经饲”种植模式优化及关键技术团队

1. 团队聚焦解决的产业关键问题

团队重点围绕山东省粮经饲争地矛盾日益突出、农牧业结合不紧、循环不畅、粮经饲协调发展科技支撑力量薄弱等现状，聚焦解决山东省粮经饲种植结构中普遍存在的种植制度单一、种粮比较效益低、种养不协调、饲草加工关键技术及配套农机具缺乏等关键问题。

“粮油”研究方向，重点围绕玉米、花生宽幅间作，开展了品种筛选、氮肥运筹、光能利用、钙肥调控 4 项关键技术研发试验，筛选出适宜间作品种 6 个，明确了间作系统肥料运筹，形成了较为成熟的技术，并在章丘、冠县、高唐、曹县、临邑等地开展了高产攻关和百亩示范，组织召开了 6 次玉米花生宽幅间作技术现场观摩会。

“粮饲”研究方向，重点围绕优质青饲料绿色生产，开展了牧草与青贮玉米品种筛选、种植密度、科学施肥 3 项关键技术研发试验，筛选出优异牧草品种 7 个、青贮玉米品种 4 个，并在济宁、东营农高区、菏泽、齐河、临清等地开展了优质苜蓿和青贮玉米大面积示范。其中，建设苜蓿高产高效技术千亩示范方 2 处、耐盐碱青贮玉米百亩示范方 1 个，组织召开了 3 次饲草种植技术培训班。

“饲草加工”研究方向，重点围绕作物秸秆饲草化加工利用，开展了作物秸秆青贮及黄贮利用、花生秧和玉米秸混贮比例、青贮改良剂研发、粮油作物青贮收获作业装备 4 项关键技术研发试验。其中，研究发现 40：60（花生秧：玉米秸）的比例可显著提高肉牛日增重 6%以上，有利于玉米秸秆和花生茎蔓的高效饲用。

2. 重大创新成果

（1）玉米花生宽幅间作技术。

技术介绍：玉米花生宽幅间作技术模式是在我国当前耕地资源不足、粮油争地矛盾突出的背景下研究提出的。该技术模式以“稳定粮食产量、增收花生增效”为指导思想，其核心技术是压缩玉米株行距，充分发挥其边际效应和光能竞争优势，保障间作玉米稳产增效，挤出带宽增收花生，同时利用花生根系固氮特点，降低氮肥施用量，提高氮肥利用率，实现粮油作物绿色增产增效。研究团队基于机械化、规模化种植对玉米花生宽幅间作技术进行了系统研究，实现了对土壤中铁、氮等营养的互补，有效减少化肥用量；同时提高了田间通透性，降低了玉米和花生病害的发生率，显著改善粮田的生态环境和持续生产能力。该技术可亩收夏玉米 500~550 千克、花生 120~180 千克，提高土地利用利率 10%、氮素利用率 15%~20%，减少化肥、农药投入 10%以上，周年亩收益提高 30%以上。结合研究结果申请国家专利 10 余项，制定技术规程 1 项，大面积示范推广取得显著效果。该技术模式被国务院列为农业转方式、调结构技术措施之一，2017 年山东省委 1 号文（鲁发〔2017〕1 号）将本专利技术列为转变发展方式、提高农业可持续发展水平的一项技术措施。2017 年和 2018 年被农业部列为主推技术，并被山东省列为主推技术，2017 年和 2018 年连续 2 年列入全省花生生产技术指导意见，有效地带动了山东省农业可持续发展及农业种植业结构调整。

产业应用典型：近两年，在山东章丘、平度、冠县、鄄城、莒南和莱州等地进行了玉米花生间作高产攻关，冠县梁堂乡专家测产亩产玉米 613. 7 千克+花生 241. 3 千克；在冠县、莱州、济阳、垦利、临邑和曹县等地进行了大面积试验示范，平均亩产玉米 519. 9 千克+花生 211. 7 千克。2016 年 10 月 10 日中国工程院农业学部组织院士专家对该模式百亩示范方进行了实地考察，经测产专家组测产，亩产玉米 517. 7 千克+花生 191. 7 千克，较纯作玉米亩效益增加 500 元以上，经济及生态效益显著。与鲁西南、鲁中、鲁北、黄河三角洲等区域的 11 个新型农业经营主体合作开展技术示范，累计示范应用 2 000 余亩。

（2）鲁西南地区紫花苜蓿高效种植技术。

技术介绍：根据山东省鲁西南地区气候、土壤等自然条件特点，紫花苜蓿高效生产技术以优质高产苜蓿品种、田间综合管理、适时刈割为核心技术，集成优质高产紫花苜蓿品种选择、测土配方施肥、苜蓿专用肥、杂草防控、现蕾期刈割等配套建植与生产技术。运用该技术生产的紫花苜蓿干草，粗蛋白在 19%以上，相对饲喂价值 RFV 达到 150 以上，一年可刈割 5 茬，亩产干草 1. 1 吨以上，草产品质量明显提升一个等级，每吨草产品价格增加 200 元以上。同时，运用该技术，可避免盲目选种和施肥，节本增效，仅测土配方施肥技术，每亩可节省 200 元。该技术的集成与示范，为鲁西南地区发展紫花苜蓿种植提供了技术支撑。

产业应用典型：目前该技术已经在济宁等农区高产田得到快速推广应用，在济宁优饲草业有限公司建成紫花苜蓿种植基地 3 000 亩，成为引草入田的典型示范。特别是经过测土配方施肥研制的苜蓿专用肥，在济宁优饲草业有限公司苜蓿田间试验和大田示范，与常规肥料相比可使紫花苜蓿年平均增产 15.8%~21.4%，节省化肥纯养分投入 21.3%~33.1%。测产显示，紫花苜蓿专用肥与常规施肥相比，产量增产 195 千克/亩，增幅为 18.7%，节肥、增产、增收效果显著，该技术已累计示范 3 000 余亩。

3. 服务支撑典型农业新型经营主体取得实际效果

粮经饲团队：积极与农场、合作社、种植大户等新型经营主体对接，开展技术试验、验证和示范工作。鲁西南、鲁中、鲁北等区域对接服务新型农业经营主体 11 个，召开现场观摩与技术培训会 9 次，培训基层农技人员及职业农民 1 200 余人次，合作建设粮经饲三元高效种植技术百亩示范方 6 处、千亩示范方 4 处、示范基地 7 个，累计面积 10 000 余亩。

4. 典型照片

玉米/花生宽幅间作技术示范

组织召开全省“粮改饲”种植模式研讨会

玉米/花生同步收获现场

盐碱地专用青贮玉米品种筛选与示范

（二）主要农作物轮作制度及关键技术团队

1. 团队聚焦解决的产业关键问题

传统农作物种植模式与生态环境、资源高效利用间不协调，耕作模式长期单一，重用地轻养地，可持续能力不强；黄河三角洲地区盐碱地生态脆弱，亟待提出合理的种植模式；山东中部、山东东部丘陵山地地力不足，光热资源利用率不高；种植模式效益评价体系不完善，缺乏科学合理的区域规划等。本任务通过构建山东省不同生态区种植制度区划布局，创新山东省不同生态区主要农作物种植模式，高效利用光温水土等自然资源，将新型种植制度构建与农业生态障碍因子消减密切结合，创建绿色持续、生产高效的山东省现代高效种植模式。

2. 重大创新成果

（1）中轻度硫酸盐盐碱地棉花花生间作轮作高效种植模式。

技术介绍：山东省盐碱土面积约 47.6 万公顷，约占山东土地总面积的

3.1%。其中，硫酸盐盐碱地有近20万公顷，主要分布在聊城、菏泽等黄河冲积平原低洼地带，济南中部、济宁、淄博等地也有少量分布。试验点设在高唐县梁村镇姜庄村，土壤为中轻度盐碱地，盐碱含量1.5%~2.5%，pH值8.0~8.8，有机质含量在10.5克/千克左右。当地传统实行一年一熟种植模式，冬季休闲，春季种植耐盐碱的棉花或玉米。常年单作导致作物成苗难、产量低、品质差，土壤连做障碍日益严重，土地的可持续生产能力降低。近年来，受玉米、棉花市场价格的影响，单位面积土地效益下降，农民种地积极性不高。针对当地种植传统习惯和实地调研，课题组设计了棉花与花生“当季间作、冬季休闲、来年轮作”的种植制度，采用“机播机收、地膜覆盖、同期播种、秸秆还田、错地种植”等栽培技术，设置了不同间作模式并计算单位面积土地上的最终收益。4月下旬至5月上旬，在土壤相对含水量大于60%时，棉花与花生当季同步播种。棉花与花生的行比为4:6模式，幅宽4.9米，棉花行距76厘米，株距15厘米；花生起垄种植，垄距80厘米，一垄双行，行距28厘米，单株穴距10厘米，全程机械化。收获后秸秆粉碎，每亩5千克尿素溶解后喷洒旋耕。来年棉花花生错带种植。

产业应用典型：2017年，棉花花生间作种植模式在当地试验取得了重大成功，经专家组测产验收，花生遮阴少，棉花底部通风透光好、不烂铃，年际间错地种植有效避免连作障碍，与单作相比，间作棉花基本不减产，同时还增收花生200千克，每亩综合收益约2 000元，是棉花单作收益的2.3倍，基本与花生单作收益持平。不仅如此，明年还能在同一块地上继续种植，棉花和花生明年会发生连作障碍，显著影响产量和品质，棉花花生间作的周年综合效益更好。这种土地的可持续利用方式和综合效益产出最高的种植制度受到当地老百姓的欢迎。目前已在当地推广500亩以上。

（2）小麦玉米两熟轮作节水省肥稳产技术。

技术介绍：水资源和生态问题是目前制约农业持续发展的短板，拼资源、拼消耗的粗放式发展方式在资源约束日益趋紧的情况下难以为继，同时，农业生产方式正在发生深刻变革，农业由一家一户的分散式生产方式向规模化、集约化的生产方式转变，以合作经济组织为纽带、专业大户和家庭农场为骨干、农业产业化龙头企业为支撑的新型农业经营体系正在形成。小麦玉米节水省肥稳产技术以小麦宽幅精播技术、精量控制灌溉技术以及小麦玉米周年肥料统筹高效利用技术为核心技术，集成耕层优化技术、水肥一体化滴灌技术、病虫草害绿色防控技术等配套技术。通过田间铺设滴灌带，可控管道系统供水、供肥，使水肥相融，可以实现定时、定量、均匀、按需灌溉和追肥，减少了土壤深层水的渗漏和地表水的无效蒸发损失，水分利用效率提高 10%～20%，肥料利用率提高 10%～20%，并且降低了深层土壤硝态氮的累积，有利于环境保护。田间铺设的滴灌带可以回收再利用，实现了绿色可持续发展。小麦玉米周年增产 150～200 千克，每亩地增加经济效益 300～400 元。该技术节水节肥、增产增效、省工省力、生态环保，实现了由传统农业向生态高效农业的转变。

产业应用典型：目前，该技术已经在招远、高青、邹平、章丘等小麦玉米主产区得到快速推广应用，应用面积约 30 万亩。招远市穗丰种植专业合作社示范应用该项技术 1 500 亩，2018 年小麦实打 681. 9 千克，较传统模式增产 23. 98%，肥料投入减少 12. 05%，水分投入减少 18. 27%。高青县强农种植合作社，示范应用该技术 1 000 亩，2018 年小麦测产 601. 17 千克，较传统模式增产 6. 05%；肥料投入减少 11. 43%；水分投入减少 17. 65%。

（3）糯玉米提质增效标准化生产技术。

技术介绍：针对山东省糯玉米种植经济效益高，但种植模式不适应鲜销和加工需求的现状，以节水省肥、提质增效、绿色生态为方向，集成了糯玉米全生育期水肥高效利用和籽粒鲜食品质提升关键技术体系，研究制定了山东省糯玉米标准化生产技术规程（DB37/T 1634—2010）、绿色食品鲜食玉米生产技术规程（DB37/T 2151—2012）和鲜食玉米双季栽培技术规程。针对都市近郊中低产田特点，兼顾采摘和观光需求，创新发明了鲜食玉米/花生间套作种植模式（见下图），玉米种植净面积占整个间作区域的 65. 2%，花生种植净面积占整个间作区域的 34. 8%。鲜食玉米、花生于 4 月下旬至 5 月初之间同期播种，7 月底至 8 月初采收鲜食玉米穗，玉米穗采收后鲜玉米秸秆及时收割，花生通过恢复生长从而保证间作花生和单作花生单株水平荚果产量相当，花生于 8 月底至 9 月初收获，实现一季两熟错期收获。

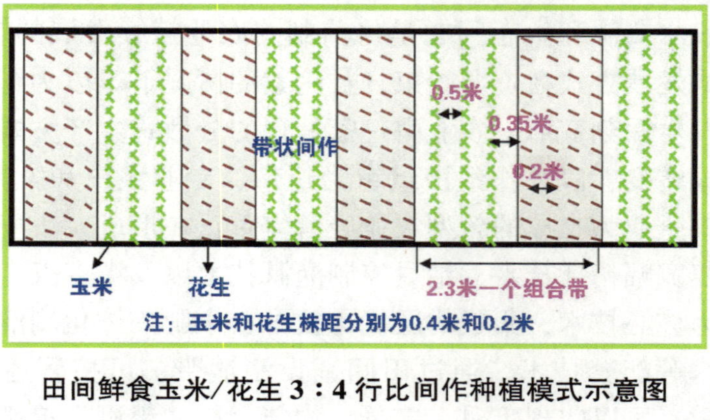

田间鲜食玉米/花生 3∶4 行比间作种植模式示意图

产业应用典型：在山东省主要糯玉米种植区域等地累计推广面积 230 万亩，实现糯玉米单季亩产鲜穗 1 000 千克，干籽粒 550 千克，水肥利用效率分别提高 10.4%和 14.8%，每亩净增收 450 元以上；双季亩产鲜穗 1 600 千克，干籽粒 1 000 千克，每亩净增收 800 元以上，水肥利用效率分别提高 12.3%和 16.5%。鲜食玉米/花生间作技术在济南、青岛、德州等地推广种植 30 万亩，每亩收获鲜食玉米 800 千克，花生 150 千克，较鲜食玉米纯作种植增收 300~500 元，较普通玉米纯作种植亩增效 600 元。德州乐陵溶海富硒有限公司，年加工鲜食糯玉米 10 000 亩（订单种植），为山东省内糯玉米生产加工最大企业，净利润 400 万元，有效带动了周边农业的发展。

3. 服务支撑典型农业新型经营主体取得实际效果

招远市穗丰种植专业合作社示范应用小麦玉米两熟轮作节水省肥稳产技术 1 500 亩，2018 年小麦实打 681.9 千克，较传统模式增产 23.98%，肥料投入减少 12.05%，水分投入减少 18.27%。高青县强农种植合作社，示范应用该技术 1 000 亩，2018 年小麦测产 601.17 千克，较传统模式增产 6.05%；肥料投入减少 11.43%；水分投入减少 17.65%。

德州乐陵溶海富硒有限公司，年加工鲜食糯玉米 10 000 亩（订单种植），为山东省内糯玉米生产加工最大企业，净利润 400 万元，有效带动了周边农业的发展。

4. 典型照片

中轻度硫酸盐盐碱地棉花花生间作轮作高效种植模式

主要农作物轮作制度及关键技术小麦测产验收

（三）主要作物轻简化栽培关键技术产业团队

1. 团队聚焦解决的产业关键问题

山东是农业大省，一方面有限的农业资源和人多地少的省情决定了维护粮食安全、确保大宗农产品有效供给的压力越来越大；另一方面随着城市化进程加快，农村劳动力数量剧减并呈现出老龄化、妇女化和兼职化的特征，给传统精耕细作的农业生产技术提出了新的挑战。因此，研究优化农作物轻简高效栽培技术，实现轻简化、机械化生产是确保山东省粮棉油可持续发展的重要技术途径。本团队采用理论研究与技术创新相结合、技术创新与物质装备研制相结合的方法，在明确主要农作物优势产区布局特点的基础上，以"种"和"收"两个环节为重点，先突破精量播种、一次施肥、机械收获等单项关键技术和配套物质装备，再集成建立山东省粮棉油四大作物轻简高效栽培技术体系；通过建立示范区和辐射区，扩大新技术的影响，全面提升山东省主要农作物的高产高效轻简化生产水平。

2. 重大创新成果

棉花“晚密简”栽培技术。

主要技术内容：自 2010 年开始，山东棉花研究中心等单位率先开展了黄河流域棉区棉花轻简化、机械化生产技术研究，特别是集成建立了以“选用机采棉品种，等行种植、中膜覆盖，适期晚播、精准播种、肥药随施，简化整枝、机械打顶或化学封顶，科学化控、优化成铃，脱叶催熟、集中收获”为主要内容的“晚密简”栽培技术，为黄河流域机采棉发展提供了重要的技术保障，推动了机采棉在黄河流域棉区的发展。该技术的主要技术要点包括：一是品种选择：易选用果枝始节较高，株型较紧凑，抗倒伏，结铃吐絮相对集中，吐絮畅、含絮力适中，对脱叶剂敏感，品质优的中早熟棉花品种。二是等行距标准化种植：一年一熟制，地膜覆盖，标准化种植。种植密度每公顷 75 000~90 000 株，行距配置为 76 厘米或 66 厘米+10 厘米。三是适期晚播：为保证集中成铃，减少烂铃，播种期较传统播种时间推迟 10~15 天，一般于 4 月 25 日至 5 月 5 日。四是精量播种：采用精量播种机械实现棉花种肥同播，每亩用高质量脱绒包衣种子 1 千克左右。出苗后及时放苗，不间苗、不定苗。五是简化整枝：不去叶枝，7 月 20 日以前采用人工、化学打顶剂或机械打去主茎顶，以后不再整枝。六是科学化控：自现蕾开始喷施缩节胺，坚持“少量多次”的原则。现蕾期 1.0~1.5 克/亩、盛蕾期 1.5~2.0 克/亩、初花期 2~3 克/亩、打顶后 3~4 克/亩。最终株高控制在 90~110 厘米。七是集中收花：于 9 月底至 10 月初且气温稳定在 20℃以上、田间吐絮率达到 50%~60%，棉花上部铃的铃龄达 40 天以上时，每公顷混合喷施 50%噻苯隆可湿性粉剂 600~900 克和 40%乙烯利水剂 1 500~3 000 毫升，保证集中吐絮，进行 1~2 次集中摘拾或机械收花。与传统技术学相比，采用该技术平均霜前花率达 85%以上，烂铃减少 5%以上，增产 5%~10%，每亩节省用工 5 个以上，亩增效益 15%以上。

技术应用典型：2016 年 9 月 9—10 日，与山东禾丰农业科技开发有限公司联合在东营市农高区召开了以“晚密简”为核心技术的“棉花轻简化机械化生产技术现场观摩会与研讨会”。该示范田面积 150 亩，全程采用“晚密简”栽培技术管理，通过选用中早熟品种适当晚播能够做到棉花集中成铃、防止烂铃和早衰；通过合理密植、种肥同播、化学调控和减免整枝，可大大减少用工。加上多数操作都采用机械化作业，每亩节省用工 3~5 个，采摘前棉花亩用工可控制在 5 个以下，一般可增产 5%~10%，节本增产显著，并且适合机械化采收，该技术目前已在黄河三角洲推广应用 50 多万亩。当地基层农业部门以及植棉大户对该技术的应用成效给予了充分认可，并表示将继续加大轻简化生产技术的研发和推广力度，不断扩大应用范围，充分发挥其轻简节本增产成效，提升棉花生产的竞争能力。山东省农业专家顾问团认为该技术是棉花轻简节本、提质增效的关键支撑技术，具有良好推广应用前景，并以“晚密简栽培技术模式为棉花生产节本增效提供技术支撑”为题向山东省政府、省委农工办和各市农业局（农委）进行了推介。

3. 服务支撑典型农业新型经营主体取得实际效果

截至 2017 年，在滨州、东营、德州、济宁、菏泽等主要产棉县（区）共培植专业合作社或家庭农场 20 余家，合作开展示范面积累计达 2 万余亩，该技术均表现出良好的轻简节本、提质增效的效果。以利津县春喜农机农民专业合作社为例，该合作社每年植棉面积在 2 000 亩左右，全程采用该团队研制的以“晚密简”为核心内容的棉花轻简化栽培技术管理棉田，据该合作社负责人介绍，在保证产量不减的前提下，采用该技术种植棉花，收获前每亩的用工由以前的 10～12 个减少到现在的 6 个左右，仅减少用工每亩增收 260 元左右；另外，该技术还能够保证棉花集中结铃、吐絮，9 月底喷施脱叶催熟剂，10 月中旬左右棉田的总体脱叶率在 90%以上，吐絮率也能高达 85%以上，利用采棉机机械采收，收获效率较人工采收明显提高，采收环节每亩节本约 100 元。

自该团队成立以来，累计开展技术培训 20 余场次，培训农技人员及棉农 1 000 余人次，建立示范基地 20 余处，发放相关技术资料 1 万余份。通过建立技术示范基地、现场培训和发放技术资料等形式，加大对该技术的推广与宣传，辐射带动了该技术在周边棉区的大力推广应用，为实现棉花生产的轻简节本、快乐植棉提供了技术保障。

4. 典型照片

精量播种

机械收花

农业专家顾问团工作简报

（34）

山东省农业专家顾问团办公室　　二〇一六年九月二十二日

“晚密简”栽培模式为棉花生产节本增效提供技术支撑

省农业专家顾问团棉花分团

【编者按】近几年来棉花生产滑坡严重，主要原因是植棉用工成本高。山东棉花研究中心会同省农业产业体系棉花创新团队联合开展研究攻关，在多年试验研究的基础上，建立了以适当晚播、合理密植、简化整枝、集中成铃为核心内容的“晚密简”棉花栽培技术。9月9日至10日，他们在东营市召开了“棉花轻简化机械化生产技术现场观摩与研讨会”。与会专家观摩了位于东营市农高区的棉花“晚密简”轻简化生产技术示范田。示范田棉花长势好，结铃集中，不仅成熟早，烂铃少，产量高，而且物化投入和管理用工显著减少，大大提高了植棉效益。专家一致认为，“晚密简”栽培技术是棉花轻简节本、提质增效的关键支撑技术，具有良好推广应用前景，适宜在我省北部黄河三角洲及周边一熟棉区推广应用。

1

和涉棉企业等新型经营主体为服务对象，联合县、乡级农技部门技术人员，通过样板示范、技术培训、现场指导，充分发挥基层农技推广体系主渠道的作用，加快“晚密简”栽培技术的推广应用。

（董合忠　李维江　供稿）

本期发：省政府副省长赵润田，省委农工办，陆懋曾团长，各位副团长，各分团，各市农业局（农委），厅属有关部门

顾问团办公室（省农业厅科技处）82352873　　（总第540期）

4

农业专家顾问团工作简报

棉花轻简化机械化生产技术示范观摩

（四）优势果品提质增效与标准生产关键技术团队

1. 团队聚焦解决的产业关键问题

苹果是我国最具竞争力的优势农产品之一。在栽培品种结构中，晚熟品种“富士”比例过高，超过70%；同时“富士”品种管理技术复杂，果实优质生产难以摆脱套袋栽培手段，导致成本过高，不利于产业可持续发展。本团队在苹果提质增效栽培技术创新上聚焦节本增效和优质生产，筛选实现免袋栽培的早中熟品种“鲁丽”，进一步开展现代栽培模式配套技术研发与示范，着力解决制约产业可持续发展的品种单一、管理复杂、成本居高不下问题。

2. 重大创新成果

苹果免套袋品种“鲁丽”矮砧集约栽培技术。

技术介绍：苹果是我国最具竞争力的优势农产品之一。在栽培品种结构中，晚熟品种“富士”比例过高，超过70%，在部分主产区这一比例超过80%，加之“富士”品种本身管理技术复杂、成本高，不利于满足市场对多样化品种的需求和产业可持续发展。项目育成苹果新品种“鲁丽”成熟期早，耐贮藏，品质优良，最大的生产优势在于无袋栽培条件下，达到优质生产，显著降低由于套袋造成的高成本和高投入。该品种于2017年通过山东省林木新品种审定（审定编号鲁S-SV-MD-037-2016）。“鲁丽”苹果栽培无须套袋，结合配套矮砧集约栽培，实现节本、优质、早果和丰产：克服套袋成本过高的弊端，直接降低生产成本50%以上；果实单果重200克左右，外观高桩、全红、光滑，可溶性固性物含量13.0%以上，内在品质优；结合矮砧栽培极易成花，早果性好，第三年产量1 800千克/亩。

产业应用典型：目前该技术已经在栖霞、蒙阴、阳谷等苹果产区示范园得到较快推广应用。

3. 服务支撑典型农业新型经营主体取得实际效果

蒙阴华源生态农业发展有限公司2016年春季在蒙阴县云蒙湖建立“鲁丽”苹果各类矮化砧砧穗组合栽培示范园300亩，2017年即开花结果，开花株率100%，2018年实际产量在2 000千克左右，并且全部实现无袋栽培，与套袋栽培园相比，仅无袋措施一项，每亩投资节省3 000元以上，达到了良好的示范效果。2017 年追加投资 500 万元，继续扩大规模 300 亩。该示范基地受到蒙阴县、临沂市等各级主要领导的重视。

4. 典型照片

蒙阴云蒙湖鲁丽矮砧示范园

鲁丽无袋栽培结果树

鲁丽无袋栽培结果枝

（五）花生优质高效栽培关键技术团队

1. 团队聚焦解决的产业关键问题

花生是我国主要的油料、经济和出口创汇作物，是我国重要的食用植物油来源之一。长期以来，我国花生生产技术研究的重点主要放在提高产量方面，对生产成本和资源的可持续利用关注较少，从长远考虑，这种生产方式不符合现代农业发展的基本要求。随着食品安全问题日益得到重视，市场对花生原料及其制品安全性的要求日益提高。目前我国花生生产存在花生品质差、水肥等生产资料投入大、资源利用率低的问题。

本团队以花生优质安全、生态高效和经济高效为目标，开展花生优质高效栽培技术研究任务，探明花生产量品质形成规律、水肥需求规律；创建花生水肥一体化技术和高效施肥技术；优化集成花生优质高效栽培的技术规程。通过任务实施，突破花生优质高效栽培、高效施肥等重大关键技术，加快我国花生生产由劳动密集型向技术密集型、由主要追求高产向优质高效的转变步伐，推动我国花生产业持续、健康发展。

2. 重大创新成果

盐碱地花生/棉花带状复合种植高产栽培技术。

技术介绍：山东省一直是全国的优势棉花产区，当前盐碱地植棉成为常态，但是也引发了相关问题，土壤板结、地力下降等亟待解决。花生是我国重要的油料作物和经济作物，产量和经济效益均较高，抗逆性较强，除具有抗旱、耐瘠薄特性外，还具有较强的耐盐碱能力，可耐受的盐浓度为0.35%~0.45%，且管理轻简，同时，花生根瘤固氮，可提高土壤肥力，实现用地与养地结合，生态效益显著。因此，利用棉花、花生抗旱、耐盐碱的特点，在黄河三角洲地区协调发展棉花、花生生产，构建盐碱地棉油带状复合种植优势模式，能充分利用边行优势和间套作提高光热资源利用率双重优势，是挖掘个体单株生产潜力，达到适应机械化作业、作物间和谐共生的一季双收种植模式，年际间交替轮作，能够实现棉花、花生均衡增产增效。本技术模式为滨海盐碱区域棉花、花生生产、农业结构调整、农民增收和农业可持续发展提供技术支撑，对于实现山东棉花优势产区“棉、油结合”“种、养结合”及棉油全程机械化生产具有显著的经济效益、生态效益和社会效益。

产业应用典型：2014—2017 年在黄河三角洲地区土壤含盐量 4‰以下的轻中度盐碱地区多点多年示范，与单作条件比较，花生/棉花等幅宽带状符合种植时，综合产量和效益较高，能够显著提高棉花产量和质量，且对花生产量影响较小。目前该技术在滨州、东营、高唐等盐碱地区已得到快速推广应用。在聊城市高唐县、东营市利津县汀罗镇和垦利区黄河口镇，土壤含盐量 0.25%~0.35%条件下，采用花生/棉花等幅宽带状复合种植模式，单位面积花生产量较单作降幅较小，为 5.9%，单位面积棉花产量较单作增幅较大，为 23.2%；花生和棉花产量分别为 3 565.5 千克/公顷和 1 966.5 千克/公顷。

3. 典型照片

棉油间作

棉油间作

八、农业智能装备

主要农作物农机装备研制团队

1. 团队聚焦解决的产业关键问题

目前，黄淮海地区玉米收获以摘穗剥皮为主，需经过“果穗晾晒—脱粒—籽粒晾晒”等过程，耗费劳动力多，且易发生籽粒霉变、腐烂、发芽等，降低了玉米品质。摘穗剥皮式的玉米收获机已难以满足当前玉米生产需求，农民迫切需求玉米籽粒联合收获机械。国内尚无针对高含水率玉米籽粒联合收获机械。国外迪尔、克拉斯等企业的大型收割机不适应小地块作业，国内以小麦机为基础改制而成的玉米籽粒联合收获机，收获时要求籽粒含水率一般小于20%。上述设备在收获黄淮海地区成熟期籽粒含水率为30%~35%条件的玉米时，籽粒破碎率高、损失大。

针对上述问题，团队联合省内优势农机研究、农业科技研究单位，加强农机农艺融合，组织跨学科、多部门联合攻关。采用引进消化国外先进技术再创新方法，重点开展高含水率玉米低损摘穗、柔性脱粒等玉米收获关键技术及核心零部件研究，研制玉米籽粒联合收获机，解决黄淮海地区高含水率玉米籽粒收获破碎率高、损失大等问题。

2. 重大创新成果

（1）典型案例 1，研制了 4YL-5 智能玉米籽粒联合收获机，经专家鉴定，达到国内先进水平。

改机创新设计了一种组合式纵轴流脱粒滚筒结构，突破了高效低损玉米脱粒技术；创新设计的组合式纵轴流脱粒滚筒结构，通过加大滚筒直径，降低脱粒滚筒转速，减少了因机械冲击而造成的籽粒破碎率；通过研究脱粒分离装置，优化分离凹板和顶盖结构，合理选择凹板包角、脱粒机构运动参数，提高了玉米脱净率。该技术有效解决了目前玉米籽粒收获机普遍存在的籽粒破碎率高、杂余清选效率低等问题。

4YL-5 智能玉米籽粒联合收获机

目前该产品已在山东国丰机械有限公司实现小批量生产，形成销售 20 台，企业销售收入 300 万元

（2）典型事例 2，研发了 2BHQFJ-4 型智能麦茬夏花生精密精播机，已通过机械工业农业机械产品质量检测中心（济南）的鉴定。

针对小麦花生两茬轮作区，夏花生种植时间短、麦茬处理难、作业效率低、生产成本高等问题，结合春花生播种机械的相关特点，研制了一种 2BHQFJ-4 型智能麦茬夏花生多功能精密播种机，突破了秸秆粉碎还田、灭茬起垄、开沟施肥、覆膜精播联合作业技术和播深一致性精准控制技术等关键技术难题，为国内首创的麦茬夏花生联合作业机具，达到了国内领先水平。该机采用联合作业方式，能够一次完成灭茬、旋耕、起垄、施肥、播种、覆膜、覆土和喷药等多项作业，并实现了施肥和播种漏施漏播实时报警功能。在山东济阳进行了试验，结果表明，该机作业效果良好，机具作业速度 4.5 千米/时，输出轴转速 540 转/分，根茬粉碎率 67%，碎土质量 90%，垄高合格率 92%，双粒率 85%，粒距合格率 90%，种子覆土深度合格率 85%，覆膜合格率 95%，报警合格率 90%，满足当地相关的农艺标准要求。

下一步该产品将在相关企业进行成果转化，可以快速形成批量生产，预计经济效益可观，市场前景广阔。

2BHQFJ-4 型智能麦茬夏花生精密精播机

九、农业资源与生态环境

海水农业关键技术创新团队

1. 团队聚焦解决的产业关键问题

团队立足于胶东半岛，利用海水和微咸水实现节水灌溉，缓解农用水资源紧缺现状；研究温室和盐碱地植物根际环境变化动态及营养需求规律以及水—肥—药智能化精准灌溉技术，解决缺乏节本高效环境调控问题及盐碱地空间利用不足问题；开展生物炭和微生物肥联合修复盐碱地技术，解决盐碱地板结等问题。

2. 重大创新成果

冰菜海水栽培关键技术。

技术介绍：海水农业，就是利用海水浇灌进行作物生产，是以海水资源、沿海滩涂资源以及耐海水植物为劳动对象的特殊农业。我国沿海滩涂有 200 多万公顷，河口滩涂还以每年 2 万~3 万公顷的速度继续淤长。这为发展海水农业创造了优越条件和巨大空间。冰菜海水栽培是以耐海水冰菜的选育为前提，结合优质生产综合田间管理为辅，集成了冰菜制种、基质育苗、营养袋繁育及种植、海水灌溉等关键技术，从而实现了陆生植物利用滨海水土资源进行的种植。冰菜海水栽培关键技术成为解决沿海滩涂以及海水农业利用难题的一个突破口，使得耐海水植物作为新型作物培育和开发，打破了传统农业对淡土和淡水植物的依赖，从而使沿海滩涂、海水能够直接用于农业生产。

产业应用典型：选育的冰菜具有很好的耐盐性状，能在 30‰盐度的水中生长，可用全海水进行浇灌。咸水条件下栽培的冰菜，生长的植株茎秆粗大，叶片肥厚，盐囊细胞众多，冰晶突出，口感清脆，品质很好。在东营和养马岛滩涂种植的冰菜均生长良好。在东营 6‰盐度的盐碱地上栽培的冰菜，亩产在 4 000~5 000 千克。在养马岛滩涂，用海水浇灌，伴有自然降水栽培的冰菜，亩产在 2 500~3 000 千克。

3. 典型照片

冰菜育苗

冰菜开花繁种

十、农作物灾害防控领域

（一）新型农药创制关键技术团队

1. 团队聚焦解决的产业关键问题

随着粮食安全和生态文明建设的需要、国家《到2020年农药使用量零增长行动方案》的出台以及“双减”计划的实施，绿色生产或绿色制造已成为未来产业发展的必然趋势，农药行业也必然向低毒、无公害方向发展。寻求新的开发点，成了农药科研人员努力的方向。以新型农药创制关键技术为目标任务，通过研究微生物源农药，构建一个活性微生物菌株高通量筛选平台，为高活性微生物菌株的发现提供良好的种质资源，解决微生物农药产品特异性弱、发酵和提取过程菌体密度和活性不高等问题，降成本、提活性，积极推进微生物农药产品的推广应用；通过对昆虫性信息素的研究，解决昆虫性信息素工业化生产瓶颈、解决产品配方及施药技术等方面存在的问题；通过对高效体农药的研究，解决高效催化剂筛选、高效体定向合成等问题。为农业生产绿色防治提供新型高效候选药剂，促进农业生态综合防治技术的推广。

2. 重大创新成果

高效昆虫性信息素制备技术。

技术介绍：山东是农业大省、农业强省，在保障农业生产的同时，要发展和壮大农业生态防治力度，加强和谐生态农业建设，逐步淘汰落后虫害防治手段，提升病虫害绿色防控技术防治比例。利用昆虫性信息素防治虫害是一种新型绿色生物防治技术，无农药残留，符合国家食品安全、和谐生态农业建设的要求。选择目前农业生产中为害面积大、常规方法难以防治的重大害虫信息素作为开发目标，通过立体选择性构建双键及双键构型的立体选择性转化相结合的合成策略，研究确定其合成路线，开发批量化制备技术；研究具有协同增效作用的助剂，进行相关产品的生物活性研究，开发高效昆虫信息素制剂新品种。目前已经突破梨小食心虫性信息素、苹果蠹蛾性信息素、桃蛀螟性信息素、亚洲玉米螟性信息素、大豆食心虫性信息素等果树、大田主要虫害的性信息素的制备技术开发，每千克生产成本在 1 600 元以内；相继开发了各类性信息素的诱芯、迷向丝、微胶囊等缓释剂型；并开展了大田药效试验，其中亚洲玉米螟性诱剂捕效果达到当前市场主打产品 4 倍。信息素系列产品以每千克原药 1 000 美元、年产 100 吨计算，预计带来年销售额 6.2 亿元，年利税 1.8 亿元、年净利润 1.3 亿元；制剂产品以梨小食心虫性信息素为例，以每亩梨小食心虫性信息素用量 200 毫克计，推广全国种植面积 20%计，年需梨小食心虫性信息素 20 吨，以每千克产品 6 000 元计算，国内市场约 0.4 亿元。随着近些年国家对生态环境和食品安全的重视，人民对农产品质量要求的不断提高，对无公害绿色农产品需求的急速增长，国内对信息素产品的需求量也在稳步增长，市场前景乐观，预计年增长达 15%，同时昆虫性信息素的产业化还能带动相关诱捕器材等产业的发展。

产业应用典型：目前昆虫性信息素防治虫害技术已经在德州、济南、泰安等地区的玉米、梨等大田及果树基地进行了大田药效试验。在济南市济阳县太平镇山东省农业科学院试验基地举办了亚洲玉米螟性诱剂高效诱捕效果现场会，对开发的亚洲玉米螟性诱剂产品进行了介绍与推广。开发的剂型配方有效成分比例可控，制定了亚洲玉米螟性信息素的产品定量分析方法，并研发了三个亚洲玉米螟性诱剂产品配方，三种性诱剂配方诱捕效果分别为当前市场主打产品的 2.5 倍、4.3 倍、4.5 倍。

3. 典型照片

济阳基地现场会

亚洲玉米螟性诱剂产品介绍与推广

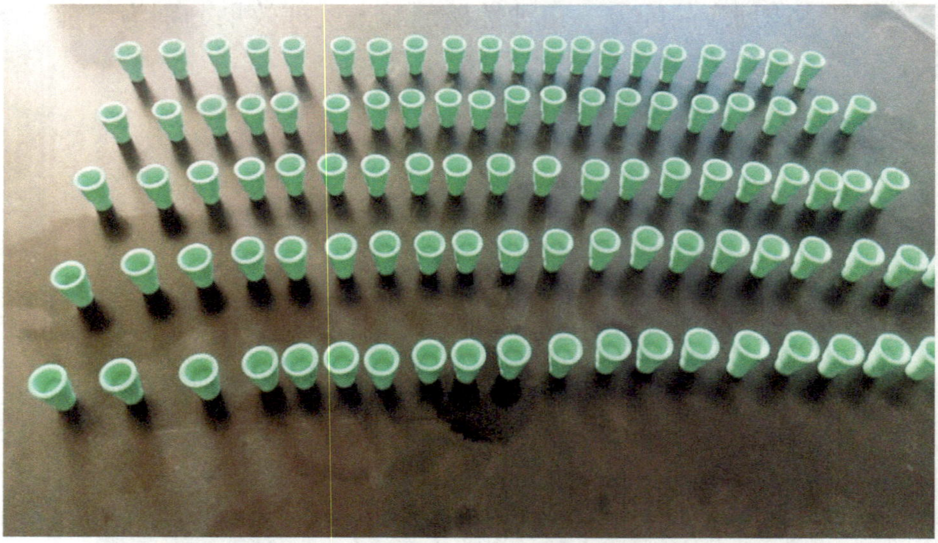

研发的诱芯产品

研发的微胶囊制剂产品的显微镜照片

（二）绿色生态农业关键技术研究团队

1. 团队聚焦解决的产业关键问题

针对目前我国天敌昆虫产品种类少、繁育规模小、生产成本高、缺乏有效可行简便实用的释放器具和集成配套技术等制约天敌昆虫产业化水平提升的突出问题。研发针对设施蔬菜的粉虱类、蓟马类害虫的天敌昆虫丽蚜小蜂、东亚小花蝽及授粉熊蜂的工厂化繁育与田间应用关键技术，从生产源头解决设施蔬菜化学农药残留问题。

2. 重大创新成果

设施蔬菜天敌治虫和熊蜂授粉技术。

技术介绍：目前，设施蔬菜生产中的害虫防治主要以化学防治为主，此外，设施温室是一个相对封闭的特殊环境，缺乏授粉昆虫，为提高果菜坐果率，在设施蔬菜生产中普遍采用激素喷花或蘸花，易造成化学污染和产生畸形果。化学农药（激素）的长期大量、不合理使用致使害虫抗药性、农药残留等问题日趋严重，成为制约设施蔬菜产业进一步发展的瓶颈。天敌昆虫防治技术是一种通过“以虫治虫”，替代化学杀虫剂防治农作物害虫的生物防治技术。天敌昆虫可以从生产源头解决农产品化学农药残留问题，提高农作物生产质量。熊蜂授粉技术是一项农业高新技术，是设施茄果类、瓜果类和水果类作物实现安全、优质、高产的重要配套技术之一。设施果菜应用熊蜂授粉，不仅可以促进坐果、提高产量，还能显著改善果实品质，更为重要的是熊蜂授粉避免了常规生产中使用激素蘸花带来的化学污染。天敌治虫和熊蜂授粉技术符合我国“高产、优质、高效、生态、安全”的现代农业发展根本方向，是世界公认的绿色食品生产的重要措施。

产业应用典型：在黄淮海地区设施果菜（番茄、茄子、菜椒、樱桃、蓝莓、草莓、甜瓜等）应用天敌治虫和熊蜂授粉产品及技术共计约 3 万亩次，对害虫防治效果显著，减少农药用量 50%以上，减少激素用量 80%以上，且授粉坐果率达 98%以上，取得显著经济和生态效益。先后得到了国家科技部、农业部（现农业农村部）、省委省政府等各级政府和相关领导的关怀。相继被央视“新闻联播”“朝闻天下”、人民日报、新华社、农民日报等国家及省级媒体多次宣传报道。

3. 服务支撑典型农业新型经营主体取得实际效果

服务农业产业化龙头企业山东省寿光蔬菜产业集团有限公司、德州临邑凯盛浩丰智慧农业产业园、优渥有机农业有限公司、青岛绿色硅谷科技有限公司，并支持创建“绿行者”“优渥有机”等蔬菜品牌。

4. 典型照片

在寿光举办全国性设施蔬菜天敌治虫现场观摩会

山东省质量技术监督局和山东省农业厅审查并通过设施蔬菜天敌治虫与熊蜂授粉技术等 **5** 项省地方标准

十一、畜禽健康养殖领域

（一）秸秆与畜禽废弃物综合利用团队

1. 团队聚焦解决的产业关键问题

山东每年产生作物秸秆约 8 600 万吨，畜禽粪污约 1.65 亿吨。秸秆的综合利用率不足 80%，畜禽粪污综合利用率约为 75%。玉米秸秆经济价值低、营养价值低、加工运输成本高，导致废弃、焚烧现象严重；粪污总量大，重金属含量高，资源化利用成本高、投资大、技术模式不成熟等。针对上述问题，团队聚焦秸秆和畜禽粪污这两大类农业废弃物资源，开展资源化利用研发和技术推广应用工作。

2. 重大创新成果

槽式粪污好氧发酵处理技术。

主要针对养殖业粪污总量大、含水率高、消纳处理困难等问题，利用秸秆等种植业废弃资源，应用微生物好氧发酵升温的原理，使畜禽粪便以及作物秸秆完全腐熟并将有机物转化为有机质，二氧化碳与水，同时具有对寄生虫、病害菌进行杀灭的良好效果，以实现粪污和秸秆的无害化处理和资源化利用。本技术的关键在于控制水分在 50%~60%，碳氮比调节（25~30）：1，温度保持在 55℃以上，氧气浓度保持 8%以上。辅以高温腐解菌、纤维素降解菌、除臭菌的使用，本技术处理粪污具有分解速度快、周期短、臭味少、有机物分解彻底等特点。通过本技术的应用，可以使畜禽粪污的价值从 50~120 元/吨大幅增加至 500~700 元/吨，将大量的废弃秸秆进行利用。

3. 服务支撑典型农业新型经营主体取得实际效果

结合研究所鲁西黑头羊新品种的培育和推广应用，该技术成果在临清润林牧业进行了示范应用。年可青（黄）贮玉米秸秆 20 余万吨，按平均亩产 3.5 吨，每吨收购均价按 300 元计，一亩地收入 1 050 元，不计玉米收割、晾晒等人工费用，比收获籽实玉米增收200元以上。10万只羊产生了巨量的粪污，利用槽式粪污好氧发酵处理技术，实现了粪污的全量利用，润林牧业形成了年产10万吨生物有机肥、菌肥的能力。形成了“秸秆—羊—粪污—有机肥—还田—秸秆”闭合式生态循环模式，为农业的绿色发展、乡村经济的振兴提供了参考样板。

4. 典型照片

20万吨玉米青贮池

羊粪好氧发酵处理车间

（二）家畜健康养殖关键技术研究团队

1. 团队聚焦解决的产业关键问题

山东省的畜牧业发展面临的突出问题主要表现在抗生素和矿物质滥用突出，导致畜禽产品质量风险高发，重金属污染环境；饲料资源缺乏，饲料利用效率低，饲料原料成本高，机体营养代谢不良等，导致养殖成本高，氮磷等排放压力大。为此，本任务拟针对上述问题中的关键制约环节，重点解决畜禽健康养殖评价技术体系缺乏，畜禽健康养殖成本高，效益低；畜禽健康养殖过程中药物和抗生素滥用严重，缺乏有效替代产品；畜禽产品总量出现过剩，但优质产品缺乏等关键科学问题。

2. 重大创新成果

（1）颗粒型 TMR 日粮。

技术介绍：近年来，我国的肉羊业正有传统向现代化，由散养向规模化、集约化方向发展，但畜牧业生产面临着生产方式落后、饲草料短缺和羊肉价格居高不下的现实问题。传统的精、粗料通过搅拌混合饲喂，肉羊主要采食其中的精料，粗料采食较少，浪费严重，降低了饲料利用率，而且过程较烦琐，劳动强度大。全价颗粒饲料饲养技术避免了传统精、粗料分开饲喂造成的不均衡采食，以及所导致的瘤胃功能异常等现象，而且可以提高人工效率，降低饲养成本。对规模化育肥场缩短育肥期、加快周转、提高养殖经济效益具有重要意义。

饲料实际采食量、饲料利用率、日增重、总增重、胴体重和屠宰率显著提高，饲料损耗量降低。用全价颗粒饲料进行肉羊育肥，饲养人员只需直接打开饲料包装、按照饲喂量倒入料槽饲喂即可。而利用传统的精、粗料混合饲喂技术进行羔羊育肥，需要将各种原料按照预定的比例称重后混合搅拌，过程较烦琐，劳动强度大。另外，羊有洁净癖，饲草稍有踩踏、污染、掉落在地上就不愿采食，使用全价颗粒料进行羔羊育肥较传统的精、粗料混合饲喂技术有更高的劳动效率，可以降低饲养成本。

在肉羊育肥过程中，饲喂全价颗粒饲料显著提高羊只的生长速度和产肉性能，降低人工成本，减少饲料浪费，提高经济效益。

产业应用典型：目前，颗粒型 TMR 日粮饲喂技术已在全国进行了推广应

颗粒性 TMR 日粮

用，均表现出了良好的生长性能和经济效益。泰安新科饲料从 2017 年生产颗粒日粮以来，进行全国范围销售，已经为公司和养殖户创造了良好的收益。养殖试验表明，通过在颗粒日粮中添加发酵饲料能够增进食欲、促进动物采食，提高动物的生产性能、屠宰性能和经济效益。与饲喂常规 TMR 日粮相比，在相同饲养期内，对于杜寒杂交羊和湖羊，饲喂本研究的颗粒型 TMR 日粮分别提高 24.14%和 9.41%的经济效益。

（2）霉菌毒素快速检测试剂卡的研制与应用。

技术介绍：霉菌毒素是威胁畜禽饲料安全的最重要因素之一，霉菌在繁殖过程中会产生大量有毒二级代谢产物，即霉菌毒素，它分子量小、热稳定性强，即使通过加热也很难将其破坏。微量的霉菌毒素即可产生巨大的毒害作用，且大多数霉菌毒素还具有致癌、致突变或免疫抑制等毒性，摄入体内后会不同程度地毒害人或动物，严重的导致死亡。全国十几个省的调研数据表明，饲料原料不同程度地被黄曲霉素（AFB1）、ZEN（玉米赤霉烯酮）和呕吐霉素（DON）污染，其中被检蛋鸡饲料中三种霉菌毒素检出率均在 80%以上，且 ZEN 的超标率达 33%。为有效防止饲料霉菌毒素超标，创新团队研制开发了霉菌毒素快速检测试剂盒和霉菌毒素快速检测试纸卡。该技术创新了样品前处理方法，一次处理能提取 6 种毒素，简化了检测步骤，极大提高了工作效率；采用间接竞争 ELISA 方法定量检测样品中的霉菌毒素，在 30 分钟内即可定量检测出粮食、饲料、食用油等样品中的黄曲霉毒素总量、黄曲霉毒素 B1、黄曲霉毒素 M1、T-2 毒素、玉米赤霉烯酮、呕吐毒素、赭曲霉毒素 A、伏马毒素等霉菌毒素。而检测试纸卡则采用胶体金和免疫层析技术，在 5~10 分钟内即可定性检测出霉菌毒素是否超标。这两种先进检测技术的推广应用，极大地降低了养殖企业和饲料企业饲料霉菌毒素超标的风险，维护了畜禽饲料的安全，也提高了养殖户的生产水平和养殖效益。

产业应用典型：目前该技术已在山东、河南、河北、山西等地区进行了示范推广应用，均表现出了良好的灵敏度。应用实践证明，研制的检测卡具有符合率、灵敏度高，特异性强等特点，常温下可保存 18 个月。现场检测结果表明，邹平县地区 2016 年秋收玉米中 DON、AFB1、伏马毒素 B1 检出率分别为 98. 30%、89. 83%与 86. 44%，超限率分别为 3. 39%、1. 69%与 5. 08%；山东北部地区猪用饲料及饲料原料存在不同程度的霉菌毒素污染，其中 DON、ZON 的检出率和超标率较高，其检出率分别为 96. 99%、72. 59%，超标率分别为 8. 43%、3. 92%。

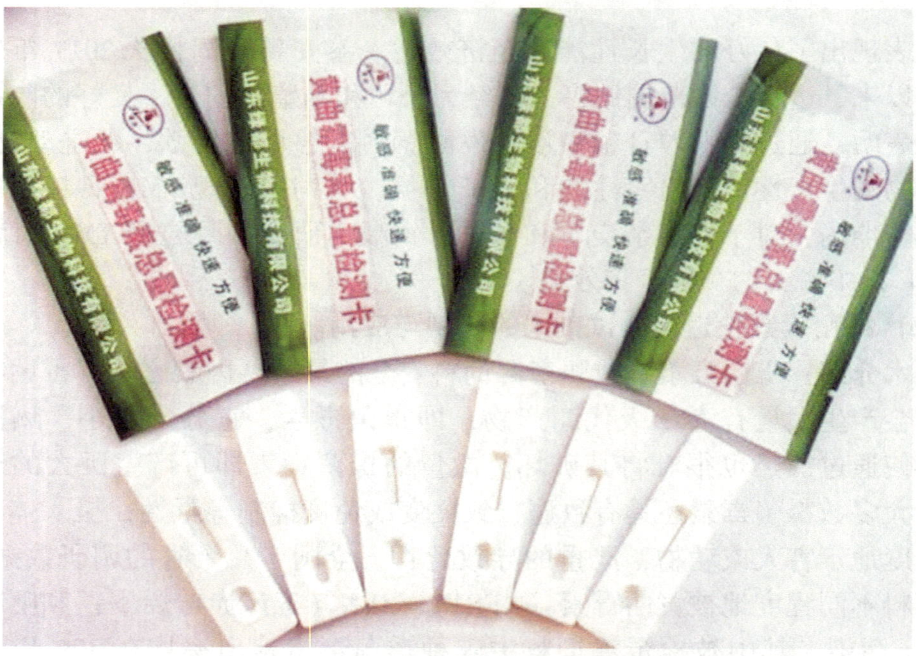

黄曲霉毒素总量检测卡

（3）猪饲料发酵减排技术。

技术介绍：目前我国生产的饲料为干粉料或干的颗粒料。配制全价料饲料时，忽略了饲料原料基料中铜铁锌锰等微量元素的含量，并且为了提高猪的生产性能，饲料中还常常额外过量添加铜、铁、锌、锰等微量元素，此举只注重了微量元素对猪生产性能的影响，忽略了对环境的影响，常常导致粪便中重金属含量残留增加。由于土壤及作物对铜、铁、锌、锰等微量元素利用有限，铜、铁、锌、锰在土壤中富集，不但降低作物的产量，而且危害作物的生存。目前我国受铜、砷等重金属污染的耕地面积近 2 000 万公顷，约占总耕地面积的 1/5，土壤修复成为世界难题。粪便堆肥等土壤修复技术并不能从源头控制重金属的污染，畜禽粪便成为土壤重金属污染的重要来源之一。利用发酵技术，提高猪的生产性能同时减少铜锌等微量元素的排放，促进养殖与种植两环节的衔接。同时促进了饲料加工业由干粉料向发酵湿料的新旧动能转换。

产业应用典型：目前，全株青绿玉米发酵喂猪技术正在德州、济南、莱芜、威海等地推广。生猪在育肥阶段，常规饲料停用矿物添加剂后饲料发酵，提高了猪的日增重，降低了料肉比，并进一步降低粪中铜、铁、锌、锰的含量，降低幅度为铜下降 91. 45%、铁下降 64. 87%、锌下降 84. 22%、锰下降 61. 03%（分别达到 13. 11 毫克/千克、160. 01 毫克/千克 、47. 55 毫克/千克、81. 14 毫克/千克）。猪粪中的铜铁锌锰皆达到国外安全标准。这为环保养殖，破解养殖生产与粪污重金属污染的矛盾提供了理论依据，将有力促进绿色农牧循环。

全株青绿玉米发酵喂猪技术转让给威海禾润牧业公司

（4）蛋鸡节能光照技术。

技术介绍：蛋鸡“14+1”光照制度采用白天 14 小时连续光照，午夜 12 点到 1 点补光 1 小时。蛋鸡“14+1”光照制度的优点是鸡每天多睡觉 1 小时，显著增加光照制度对于夏季蛋鸡的采食，增加产蛋率。产蛋期由原来 16 小时光照改为 15 小时，并且晚上增加 1 小时光照时间。该节能光照程序已经经过大规模试验和推广，证明可以节能、提高蛋鸡夏季采食量、略提高蛋重，鸡每天多睡觉 1 小时，鸡只健康水平提高，蛋壳质量提高，产蛋性能不下降，淘汰鸡体重略增加，同时用 LED 灯替换节能灯，能够明显节能。

产业应用典型：目前，该技术已在济南、夏津、河北故城等地的多个规模蛋鸡养殖场推广使用，表现出良好的应用前景。“14+1”光照制度不会对蛋鸡产生不利影响，可以满足鸡达到最大的生产性能，保证鸡的正常产蛋与健康。与此同时，与传统光照时长相比，15 小时的总光照节约了能源，能够提高了养鸡的综合经济效益。

3. 服务支撑典型农业新型经营主体取得实际效果

（1）猪饲料发酵减排技术助力规模化养猪企业新旧动能转换。全株青绿玉米发酵喂猪技术已授权发明专利 1 项，制定山东省地方标准 1 个，实现对威海禾润牧业公司的技术转让，通过该技术的实践与应用，企业效益得到提高，污染物减排方面实现明显改善。2017 年该公司生产的猪肉获得 2017 年山东省畜牧博览会金奖，在省内起到示范带头作用，为山东省养猪行业新旧动能转换提供参考。

（2）“泉都乐”无公害品牌鸡蛋。“泉都乐”是济南利民种禽有限公司旗下的高端鸡蛋品牌，在山东省农业科学院农业科技创新工程“畜禽健康养殖创新团队”的饲料霉菌毒素快速检测技术、富维生素鸡蛋生产技术、蛋鸡节能光照技术支持下，利民种禽将“泉都乐”打造成为“专注于健康的提供者”，技术应用覆盖企业种鸡 1 万套、商品代蛋鸡 22 万只，智能化生产新鲜、绿色、营养鸡蛋，得到广大消费者广泛认可，并通过召开现场观摩会等活动向相关企业和个人介绍技术成果，推动山东省蛋鸡智慧健康养殖不断发展。

4. 典型照片

院创新工程畜禽健康养殖技术示范现场会——蛋鸡健康养殖技术现场讲解

十二、畜禽疫病防控领域

畜禽重要疫病防控关键技术团队

1. 团队聚焦解决的产业关键问题

首席专家吴家强带领团队成员聚焦于减少规模化养殖场抗生素用量，降低副猪嗜血杆菌病发病率及优化免疫程序的关键问题。

2. 重大创新成果

副猪嗜血杆菌病二价灭活疫苗（1 型 LC 株+5 型 LZ 株）。

成果主要特征：我们选育出 2 株免疫原性强、交叉保护性好的疫苗菌种，该菌种已被中国微生物菌种保藏中心保藏（CGMCC No. 5257、5802），获得国家发明专利（ZL201110349964. 3 和 ZL201210347876. 4）。应用上述发明菌株，创制了副猪嗜血杆菌病二价灭活疫苗（1 型 LC 株+5 型 LZ 株），2015 年 11 月获得了国家新兽药注册证书［2015 新兽药证字 50 号］，为科学防控副猪嗜血杆菌病提供了重要的核心技术和产品支撑。该疫苗安全可靠，不仅能提供同源菌株保护，还可为异源菌株提供较好的交叉保护，免疫后能够产生较强免疫力，接种猪群的发病率和死亡率均明显减少，其免疫效果达到或优于市场上现有的商品化疫苗，能够有效预防副猪嗜血杆菌病的流行和传播。该产品的核心发明专利（ZL201110349964. 3）于 2016 年获得山东省专利一等奖。

产业应用典型：2016 年至 2017 年 6 月副猪嗜血杆菌病防控技术的核心疫苗产品在得利斯集团猪场及合作信用社示范推广，共推广应用生猪 30 多万头。目前得利斯集团猪场及合作信用社的猪群全部实现良种化，使用了山东省农业科学院畜牧兽医研究所研制的副猪嗜血杆菌病二价灭活疫苗（1 型 LC 株+5 型 LZ 株）（国家新兽药注册证书［2015 新兽药证字 50 号］），优化了免疫程序和消毒程序，副猪嗜血杆菌病的发病率降低了 8%，抗生素用量减少 20%，仔猪平均成活率提高 3%。举办了 5 次技术座谈会，累计为得利斯集团猪场及合作社培训技术人员 1 548 人次，为猪场及合作社用户创造经济效益达 821 万元。

3. 服务支撑典型农业新型经营主体取得实际效果

2017 年 3 月 16 日，首席专家吴家强带领团队成员到莘县规模化猪场进行疫病防控调研与技术指导。吴家强与猪场技术人员进行了详细的座谈交流，并深入猪场进行查看猪群健康情况，指出目前该猪场育肥猪存在一定程度的支原体肺炎。倡导引种时加强隔离、消毒等生物安全措施，适当降低饲养密度，定期进行免疫检测，摸清疫苗免疫状况与带毒状态，为调整优化猪群健康提供技术支撑。4 月 15 日，猪场技术人员反馈信息，该场支原体肺炎已得到稳定控制。

4. 典型照片

瑞东农牧培训会

临沂汇融博士工作站挂牌

调研莘县闫培军猪场

调研临沂金锣养殖场

十三、农业信息化领域

“互联网+”农场关键技术及云应用团队

1. 团队聚焦解决的产业关键问题

（1）“手段落后+管理粗放”，农场生产效率低，急需强化“互联网+”技术和产品的深度应用，实现精细化管理。

（2）“品质不高+标准缺失”，农场产品质量难以保障，急需加强农产品标准化和溯源技术的研发推广，实现透明化生产。

（3）“产销脱节+渠道单一”，农场经营模式亟待转型，急需通过信息手段及时反馈市场信息，实现科学化决策。

2. 重大创新成果

设施蔬菜物联网云平台及系列智能装备。

成果主要特征： 利用物联网、云计算、大数据等技术，研制了一批成本低、功能全、性能稳定、配置灵活、使用方便的农业信息采集和控制装备，研发了农业物联网云平台，对农业产业进全程技术跟踪与服务，提高了农业生产的智能化和精准化，促进了“互联网+”农场的深度融合，提升了农业智能化水平。第一，研制了“智农环采”（单/多参数采集节点、农田气象信息采集监测站、农田土壤信息采集监测站、智能网关节点和采传一体设备）、“智农环控”（温室大棚远程卷帘控制器、温室大棚自动卷膜控制器、远程浇灌/喷淋控制器、智能通风控制器、智能补光控制器和温室大棚一体化控制器）及“智农水肥”等多个系列的农业物联网智能装备，可实现对农业生产环境实时感知、精准调控和水肥一体化精量施用等；第二，研发了山东省农业物联网云服务平台，根据应用场景的不同，平台可实现实时监测、智能控制、经营分析、智能预警、专家指导、测土施肥与水肥一体控制、生产记录、产品追溯等功能，从而达到指导农业生产，节本增效，为用户提供高效、便捷的服务的目的；第三，开发了农场适用的实用化移动互联网系列云应用系统。智农 e 联可实现蔬菜生产现场环境、作物生理信息的实时监测，随时随地了解蔬菜生产现场的气象数据、土壤数据、作物生理数据及各种设备运行状态，也可以对农业生产现场进行实时监控，对作物生产状况进行远程查看。智农 e 管可帮助农场进行种植计划、生产信息、肥料、农药、采收、销售等农事信息的实时记录与上传；并将监测数据与蔬菜生产联系起来，结合作物生理习性对采集参数进行评价，向管理者提供综合适宜度评价指数，通过智能农业知识库，向用户提供农事指导、病虫害防控等知识。所有产品和技术在研发过程中都遵循了傻瓜化原则，解决了农业信息化设备使用门槛高的问题。

产业应用典型：目前，设施蔬菜物联网云平台及系列智能装备已在山东潍坊、济南、德州等多个地区进行了推广应用，均取得了良好的应用效果。山东禹城市大禹龙腾蔬菜种植专业合作社自引入设施蔬菜物联网云服务平台及智能装备以来，取得了良好的应用效果。通过使用该系统，能够自动监测农业生产环境参数的变化情况并进行远程调控，实现设施蔬菜生产的精细化管理，保障蔬菜作物处于最佳的生长环境，提高了蔬菜的产量和质量，节省了人力成本；同时通过云平台完整记录蔬菜从生产道销售各个关键环节的数据，实现了蔬菜产业链的透明化，提高农产品安全性，消费者放心消费，提升了企业品牌形象；还具有节水、节肥、提高生产效率等优势，初步解决了设施蔬菜生产过程中普遍存在的大水漫灌、过量施肥等水肥资源浪费的现象，缓解了土壤酸化、次生盐渍化、养分和生态失衡等问题。据统计，使用该系统以来，示范基地农产品亩均产量提高了约 10%，节省人工成本约 40%，节省农药、化肥等农业生产资料约 15%，农业综合效益提升 20% 以上。目前，累计推广面积达到 12 万亩，辐射带动了示范基地周边设施蔬菜的生产，促进了山东省设施蔬菜产业的持续健康发展。

3. 服务支撑典型农业新型经营主体取得实际效果

项目成果应用过程中能够实时监测设施农场生产中环境参数的变化情况，劳动者无须到生产现场，通过电脑登录山东省农业物联网云服务平台或手机登录 App，足不出屋就可以方便地观察种植现场的环境数据的动态变化情况，还可以查看实时视频，了解农作物的生长状态；当温湿度、水分、光照等环境因子异常变化时，劳动者通过电脑/手机就可以远程调节智农环控、智农水肥等设备，确保作物处于最佳的生长环境，省时省力；平台还拥有预警功能，当生产现场环境参数超过预设的阈值时，会进行预警，提醒劳动者及时处理。项目成果的应用，实现了农业生产的精细化管理，具有节水、节肥、提高生产效率等优势，同时通过云平台完整记录农产品从生产道销售各个关键环节的数据，实现了农业产业链的透明化。通过项目组对示范基地应用效果评估表明：农产品亩均产量提高了 10%，节省人工成本 40%，节省农药、化肥等农业生产资料约 15%，节省用水约 12.5%，成果推广应用以来，具有明显的经济、社会和生态效益。

4. 典型照片

山东省农业科学院禹城蔬菜物联网科技成果示范基地
设施大棚内的物联网设备

物联网环境监测设备

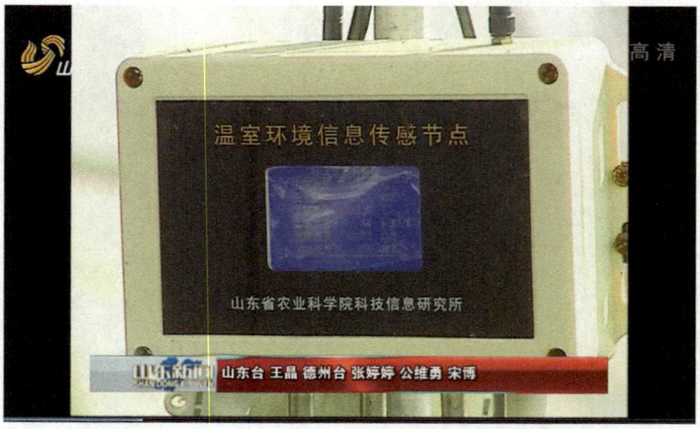

《新闻联播》报道

十四、农产品加工与质量安全领域

（一）营养功能型专用食品制备关键技术团队

1. 团队聚焦解决的产业关键问题

目前，我国糖尿病患者人口庞大，2013 年我国糖尿病患者 1.13 亿人。糖尿病肾病患者具有以下病理特征：一是糖代谢紊乱，空腹血糖或餐后血糖升高；二是自主神经紊乱，食欲不振，饮食质量低下。因此，糖尿病患者亟须低升糖指数的主食。然而，目前我国市场上糖尿病患者专用食品极度匮乏，现有糖尿病患者主食以匀浆膳、粉剂和片剂为主，消费者难以长期坚持。因此，以为糖尿病患者提供营养支持和辅助治疗为目标，以粮食及药食同源植物为原料，攻克一批产业发展中的共性关键技术，开发一系列糖尿病患者专用食品，在大型企业进行产业化开发，取得显著的经济效益，填补国内空白。

2. 重大创新成果

糖尿病患者专用抗性糊精。

技术介绍：本团队建立了动物实验和临床实验等评价手段，对抗性糊精以及基于抗性糊精开发的主食进行评价，探明其餐后血糖应答，抗性糊精及系列产品 GI 值低，是糖尿病患者良好的主食原料。现已开发出基于抗性糊精加工特点的全营养食品工艺，该产品具有溶解度好、稳定性高、营养针对性强等特点。

产业应用典型：山东百龙创园生物科技股份有限公司是国内首家（国际上第五家）实现抗性糊精工业化生产的功能糖制造企业，产品质量达到国际领先水平。目前抗性糊精产品国内市场占有率国内第一位。目前百龙创园公司已建立特医食品生产线，正在积极申请特医食品注册批号，以延长功能糖的生产链条。该技术的推广和实施大幅提升了山东省抗性糊精制备的产业发展，促进山东省乃至我国特殊医用食品产业的发展，为糖尿病等慢性疾病的预防和辅助治疗模式的发展提供了有力支撑。

3、服务支撑典型农业新型经营主体取得实际效果

在引进该项技术后，山东百龙创园生物科技股份有限公司 2017 年抗性糊精产值过亿元，膳食纤维组件产量累计达 3 000 吨，新增产值 1.2 亿元。

4. 典型照片

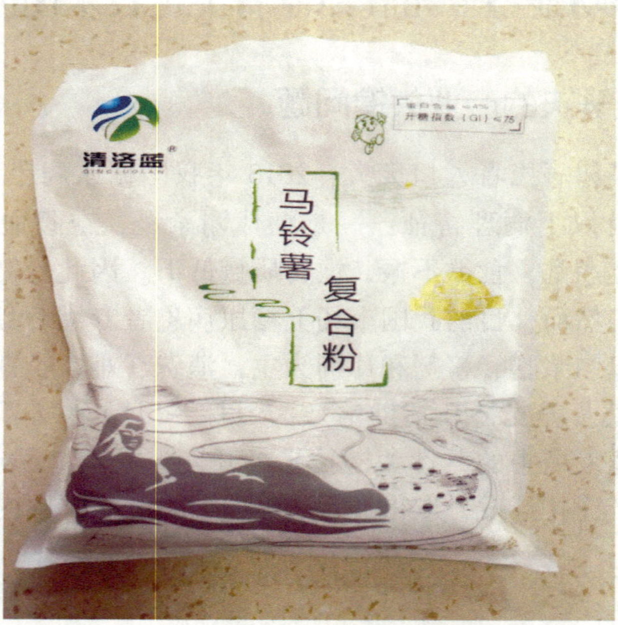

低蛋白马铃薯复合粉

低蛋白低升糖指数馒头

内秀因子
低聚果糖

低聚果糖

抗性糊精 Resistant Dextrin
净含量：8g / 袋×15袋
山东百龙创园生物科技股份有限公司
山东省农业科学院农产品研究所
联合研制

抗性糊精

（二）优势特色农产品产后增值关键技术团队

1. 团队聚焦解决的产业关键问题

针对香菇精深加工率低、加工技术储备不足等问题，以香菇超微粉的制备及其对面团特性的影响为突破口，开展香菇主食产品加工关键技术研究，赋予面制品丰富的营养价值和良好的风味口感，提高香菇产品的附加值。

针对冷鲜羊肉产品形式落后及物流过程中品质变化快、汁液损失大等质量问题，研发适宜的产品精细加工技术和物流保鲜保质技术；羊奶加工产品单一，功能性产品缺乏，亟须研发新型产品及加工工艺。

针对果蔬采后品质劣变、腐烂损耗、质量安全等核心问题，通过筛选广谱、高效、抗逆性强的生物拮抗菌，开发新型天然绿色防腐保鲜剂；筛选适于冷链条件下的保鲜材料，开发新型包装材料，最终实现生鲜农产品的绿色贮运。

2. 重大创新成果

（1）优质高档香菇挂面标准化加工关键技术。

技术介绍：挂面是我国人民十分喜爱的一种日常主食，但是传统面食的制作工艺粗放，口味单一，营养组成不够合理，不能满足人们对健康化饮食的要求。食用菌与挂面的结合已经成为食用菌加工领域科研人员的研究方向之一。优质高档香菇挂面标准化加工关键技术以香菇为主要原料，通过优化的气流式超微粉碎技术制备香菇超微粉，相比普通超微粉粒度分布范围减小 10%～20%，蛋白质含量提高 5%～10%，氨基酸总量提高约 10%。香菇富含蛋白质、氨基酸、膳食纤维等营养物质，具有浓郁的香味和营养保健价值，将香菇超微粉添加到食品中不仅能提高面粉口感，还增加了面粉中膳食纤维的含量；同时香菇含有多种人体所需的氨基酸，能够弥补面粉中氨基酸含量较低的情况，提高人体对膳食蛋白的吸收和利用，既能发挥其保健功能又能提升食品的品质。香菇挂面的咀嚼度 2 980 克、最大剪切力 256 克、最大拉伸力 26 克，质构性质优于市面同类产品。香菇挂面产品各项品质符合挂面行业标准 LS/T 3212—2014 规定，制定《食用菌挂面》企业标准一项。

产业应用典型：目前该技术已在临沂、济宁、日照等地的食用菌加工企业得到快速推广应用。重点在临沂山东玉皇粮油有限公司进行应用推广、示范，近一年来，香菇挂面产品已帮助企业新增利润 300 万元以上，通过加工有效利用和带动当地的香菇原料及物流等产业发展，促进了农民就业，新增就业岗位 20 余个，培养技术人员 10 余名，产生了较好的经济和社会效益。

（2）优质特色带皮黑山羊肉加工技术。

技术介绍：山羊是山东省传统肉羊品种，目前年存栏量达到 1 200 万只以上，其中著名的地方特色品种有莱芜黑山羊、沂蒙黑山羊、济宁青山羊和牙山黑山羊等，这些品种都具有肉质细腻、脂肪含量低、风味独特等特点，深受消费者青睐。羊皮是山羊屠宰加工的重要副产物，近几年由于皮革需求量下降，鲜羊皮价格急剧下滑，目前仅有 10~30 元/张。为了充分利用羊皮资源，提高加工企业生产效益，项目组研制开发了优质特色带皮黑山羊肉（冷鲜、冷冻产品）加工技术。该技术通过改变屠宰工艺，实现宰后胴体的机械或人工脱毛处理，工艺简单，加工成本增加很少。采用该项技术进行特色山羊肉产品生产，能够实现羊皮的全部食品化利用，一般情况下 12 月龄的个体能够增加屠宰率 12%左右，不同年龄山羊平均提高产品出率 10%以上，每只羊的屠宰加工效益净增加 60~90 元，经济效益显著。

产业应用典型：技术推广区域主要集中在莱芜、临沂沂南、单县等地的特色黑山羊屠宰加工企业或养殖加工合作社。项目核心示范单位山东凤祥畜牧科技有限公司和莱芜金三黑食品有限公司联合，2017 年屠宰加工莱芜黑山羊 8 700 只，屠宰率平均提高 11.6%，净增加收益 75.5 万元。

3. 服务支撑典型农业新型经营主体取得实际效果

对临沂、济宁、日照等地的企业进行实地考察调研，包括工厂化生产、产后加工、扶贫三个方面的专题，与企业负责人进行深入座谈交流。在调研过程中，围绕创新工程取得的成果和研发的香菇面条产品，希望企业能够通过技术改革，提高香菇精深加工水平，通过科企合作，形成战略合作机制。重点在临沂山东玉皇粮油有限公司进行应用推广、示范，近一年来，香菇挂面产品已帮助企业新增利润 300 万元以上，通过加工有效利用和带动当地的香菇原料及物流等产业发展，促进了农民就业，新增就业岗位 20 余个，培养技术人员 10 余名，产生了较好的经济和社会效益。

4. 典型照片

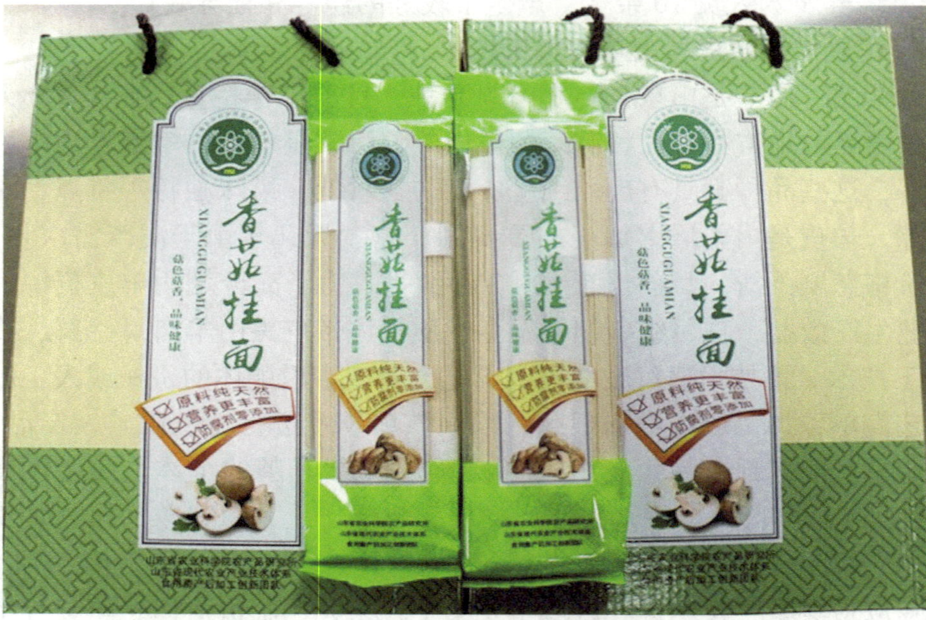

香菇挂面

莱西・畜禽屠宰及肉品质量控制技术培训

（三）山东主要农产品质量安全风险评估与控制团队

1. 团队聚焦解决的产业关键问题

针对目前山东省农产品质量安全现状，以山东省主要粮油作物产品、果品、奶产品为评估对象，围绕影响产品质量安全的已知危害因子及潜在危害因子开展风险评估与控制技术研究，拟解决以下几个问题。

（1）建立山东省主要农产品质量安全风险评估数据库，解决农产品质量安全风险评估基础数据少的问题。

（2）通过风险评估数据的分析，确立风险关键控制点，建立农产品主要危害因子控制技术规范，实现农产品主要风险隐患的预防和控制。

（3）开展风险评估共性技术研究，建立农产品风险评估预警技术，解决农产品质量安全风险评估和预警技术缺乏的问题。

2. 重大创新成果

奶及奶制品质量安全关键控制技术应用。

技术介绍：围绕影响奶及奶制品质量安全的危害因子（违禁添加物、霉菌毒素、农兽药残留、重金属、热敏因子等）和营养功能因子（乳铁蛋白、β-乳球蛋白、DHA 等），创建山东省奶及奶制品质量安全数据库、联合毒性效应评价模型及分级预警体系。通过大数据分析，揭示了主要危害因子的种类、分布和风险程度，探明了影响山东省奶及奶制品质量安全的关键控制点，实现了饲料—生鲜乳—奶制品全生产链风险控制。建立国产与进口液态奶品质评价技术体系，首次用科学数据诠释了“优质奶来自本土奶”的基本特征；制定一系列优质乳工程技术规范，从原料乳、加工工艺、奶产品、颜色评价、热处理强度、节能减排、储运等环节进行品质控制，降低加工过程中水耗、电耗、蒸汽及浓碱液的消耗，实现节能减排节约 776.69 元/次，生产时间每次节约 2 小时，日产 100 吨的企业，每年节约成本 300 万元，降低污水排放 1 800 余吨。实现了从源头—加工—奶产品—冷链运输对品质的全面管控，促进国产奶业提质增效、节能减排、转型升级。

产业应用典型：目前该技术已在淄博得益乳业等牧场和加工企业进行推广。得益乳业全面推行优质乳工程生产标准，牧场奶牛存栏量 3.5 万头，其饲草种植、奶牛品种、养殖规模、设施配置、养殖技术到牧业管理均达到国际一流水平。建立了绿色—低碳—优质的产业链，在加工工艺中，优化了杀菌温度和时间，有效的降低了热伤害程度，尽可能多的保留了活性物质，使巴氏杀菌乳中乳铁蛋白等活性物质提升 8 倍以上，糠氨酸含量控制在 12 以下，显著提升奶产品品质。

3. 服务支撑典型农业新型经营主体取得实际效果

得益乳业全面推行中国优质乳工程技术规范，奶牛饲养、生乳储运，在原料奶处理、脱气工艺、杀菌、灌装等各环节得以实施，生产过程采用全封闭式管道进行生产，与外界隔离，质控点达到 1 581 个，杜绝生产过程中的污染。建立得益独有的质量风险管理控制体系，保证了产品质量安全。得益乳业为 2018 年上海合作组织青岛峰会指定用奶，为中国民族乳业品质代言。

4. 典型照片

到乳品企业调研

对企业生鲜乳质量安全控制评价技术与生产规程进行指导

泰安举办奶及奶制品质量安全控制技术培训会

山东主要农产品质量安全风险评估与控制技术交流会

十五、品牌农产品领域

（一）地理标识性名产蔬菜标准生产关键技术团队

1. 团队聚焦解决的产业关键问题

（1）集成了露地小型西瓜高产立体增密种植技术及一年两熟栽培模式。

（2）创制潍县萝卜水肥一体化高效栽培技术。

2. 重大创新成果

（1）露地小型西瓜高产立体增密种植技术及一年两熟栽培模式研究。

技术介绍：针对露地西瓜进行地爬种植，植株群体光能利用率难以提高的问题，研究发明了露地小型西瓜立架和半立架支撑装置，研究了种植方式和密度对露地小型西瓜产量和品质的影响，确定适宜的露地小型西瓜种植方式和密度，在露地小型西瓜种植密度和产量提高同时，品质显著改善，初步集成了露地小型西瓜高产立体增密种植技术，为创新小型西瓜露地茬口的高产栽培种植模式提供理论和技术支撑。在早春立架栽培成功的基础上，根据夏季温度高以及小型西瓜生育期短等优势，在 7 月底至 9 月中旬成功进行了露地小型西瓜夏秋茬口栽培试验，实现了露地小型西瓜一年两熟栽培模式。且此茬口产量高、果实品质好，可以满足中秋和国庆消费，效益十分可观。

产业应用典型：目前该技术已在德州市德城区黄河涯镇建立露地小型西瓜立体种植核心示范基地两处，辐射带动周边地区示范面积 130 亩，同时也在德州市平原县推广了本项目筛选出的适宜小型西瓜品种、配套砧木及嫁接育苗技术，现已推广面积为 240 亩。同时本项目的研究成果可显著提高露地西瓜的植株长势、增强植株抗逆抗病性，减轻植株病虫害发生程度，从而有效减少了农药施用量及残留量，对改善农业生态环境、降低农药污染有重要作用，生态效益显著。

（2）创制潍县萝卜水肥一体化高效栽培技术。

技术介绍：潍县萝卜是驰名国内外的名优水果萝卜品种，是一个历史悠久的地方名牌产品，多年的生产实践证明，环境条件和栽培管理措施对其风味品质、产量和商品性都有很大影响。传统的大水漫灌方式造成水肥的大量损失，是资源的极大浪费。针对传统大水漫灌的诸多弊端，开展了萝卜水肥一体化高效栽培技术研究，明确了潍县萝卜水肥一体化应用时间、用量，有效节省人工投入，减少了水肥用量，提高产品品质，防控环境污染。将该技术在潍坊萝卜主产区建立生产示范基地，快速推广应用。

产业应用典型：目前该技术应用主要集中在固堤镇西安村和北安村，推广面积 2 000 多亩，每亩喷灌材料成本 100 元左右，可节省用工 300 元，萝卜、茼蒿、西瓜的商品性得到了明显提高，销售价格好，每亩提高产值 300～500 元。因省时省工，经济效益增收，目前不断辐射带动周边地区大拱棚种植户学习改进，不完全统计，2019 年已带动周边 1 000 余亩地灌溉模式改造升级为此模式。

3. 服务支撑典型农业新型经营主体取得实际效果

德州市德城区庆丰西瓜种植专业合作社西瓜生产基地环境条件优、土壤和水源条件好，主要从事有机西瓜、有机蔬菜的生产示范开发以及蔬菜、西瓜新品种、种植新模式的推广等工作。团队成员自从在庆丰西瓜种植专业合作社建立“露地小型西瓜高产立体增密种植技术”示范基地以来，辐射带动周边地区示范面积 130 亩，种植露地小型西瓜的产量和品质显著增加，农民收入大幅提高，农民种植的积极性显著提升，且通过现场指导和对农户定期技术培训的方式，瓜农素质得到提高，管理水平也不断上升，农民的种植观念实现了从传统种植到科学种植的跨越，有力地促进了当地小型西瓜产业化发展。

与潍坊市寒亭区绿领家园农产品专业合作社进行技术对接，推广了潍县萝卜水肥一体化高效栽培技术，结果表明该技术可显著提高潍县萝卜的产量和品质，较大幅度提高了合作社的收入，为当地潍县萝卜产业的发展提供了有力的技术支撑，该技术取得了显著的经济效益、社会效益。

4. 典型照片

早春露地小型西瓜立架栽培

夏秋露地小型西瓜立架栽培

潍县萝卜水肥一体化技术

（二）葡萄节本提质标准化生产与精深加工技术团队

1. 团队聚焦解决的产业关键问题

酿酒葡萄栽培缺少集成的适宜产地和品种特点的轻简化、标准化栽培技术；需肥规律研究不足，肥料管理缺乏科学依据；葡萄酒产品同质化严重，特色不突出。

2. 重大创新成果介绍典型

酿酒葡萄节本提质标准化生产与精深加工技术。

技术介绍：我国葡萄种植面积约 84.7 万公顷，山东葡萄栽培面积约为 4.33 万公顷，其中酿酒葡萄约 1.86 万公顷，目前葡萄栽培与加工存在农药化肥盲目使用、缺少配套的标准化栽培技术、生产成本高、加工技术缺乏创新、葡萄酒产品雷同以及葡萄资源利用率低等问题，以上问题严重制约葡萄产业可持续发展，推广葡萄标准化生产和精深加工技术是解决目前问题的主要途径。葡萄标准化生产和精深加工技术集成酿酒葡萄品质提升、机械化种植、养分需求规律与精准施肥、酿酒葡萄精深加工等配套技术。该技术节约人工约 15%，提高了酿酒原料成熟均匀度和品质，优质果率提升 10%以上；改善了葡萄酒酿造工艺，增加了葡萄酒的可溶性固形物和挥发性物质含量，提高了干红葡萄酒丰满度，研发了特色葡萄酒及关键调控技术，引领了葡萄酒产业发展方向，对于我国各葡萄酒产区技术提升具有重要示范推广意义。

产业应用典型：目前该技术已经在山东省酿酒葡萄主产区行业龙头企业烟台张裕集团、君顶酒庄、中粮长城葡萄酒（蓬莱）有限公司、国宾酒庄等地进行了示范推广。在张裕牟子国基地蛇龙珠酿酒葡萄机械化种植技术集成示范面积 1 196. 08亩，试验园张裕蛇龙珠葡萄平均糖度由原来的 198 克/升提高到 205 克/升，平均提高了 0. 7 克/升；君顶酒庄基地赤霞珠提质标准化技术集成示范面积 1 050亩；在张裕烟台基地、乳山、中粮长城、国宾、平度等地示范及推广面积共计 15 170亩。示范基地优等果率平均提高 12. 2%，化学品用量下降平均 6. 5%。研发产品 3 个，累计生产特色产品 1 000吨。

3. 服务支撑典型农业新型经营主体取得实际效果

通过该任务的技术示范和推广，主要酿酒（张裕、君顶、国宾）企业示范园葡萄收入共计约 3 253. 66万元，项目研发葡萄酒新增产值累计 23 133. 48 万元。在蓬莱等其他地区共计推广面积 3 万余亩，平均亩产 631. 7 千克，酿酒葡萄平均每亩收入 1 615元/亩，收益 868 元/亩，种植户累计酿酒葡萄收入 4 800万元，收益 2 600万元。

4. 典型照片

酿酒葡萄“1+1”极短梢修剪模式示范

酿酒葡萄机械化管理

张裕公司示范园区

（三）烟台苹果提质增效标准化生产技术团队

1. 团队聚焦解决的产业关键问题

本任务以烟台苹果产业提质增效与转型升级为导向，开展烟台苹果提质增效标准化生产技术集成示范，聚焦解决以下产业关键问题。

（1）品种单一、老化问题。

（2）栽培制度落后、生产效率低的问题。

（3）成龄果园郁闭、果品质量下降的问题。

（4）果园土壤酸化、肥力下降的问题。

（5）果品安全质量和生产技术标准化水平低的问题。

（6）果园生产流通过程信息化缺失的问题。

2. 重大创新成果

（1）苹果化学疏花疏果技术。

技术介绍：苹果生产过程中，传统疏花疏果方式用工量大。随着劳动力成本增加，减少用工是苹果生产节本增效的重要途径。化学疏花疏果技术利用机械喷施化学制剂进行智能疏花疏果，经过多年中式、熟化，证明该技术可靠性强、易操作、疏花疏果效果显著，极大地节省了疏花疏果环节用工，明显降低苹果生产成本。嘎啦苹果经过 2 次疏花，单果率可达 87. 8%～95%，富士苹果经过 2 次疏花 2 次疏果，单果率可达 65%～86%。不仅如此，化学疏花疏果还改善了果树营养，增大果个，促进果树生长发育，并有效防止因缺钙引起的生理病害。该技术每亩少用 7～8 个人工，直接减少人工成本 800～1 000元，节本增效显著，经济、社会效益巨大。

产业应用典型：目前该技术已经在栖霞、莱州等烟台苹果主产区示范推广应用。栖霞市观里镇潘家洼村示范园、莱州市朱桥镇琅琊岭生态农场，嘎拉苹果化学疏花 2 次，单果率达 87. 8%～95%；富士苹果化学疏花 2 次+化学疏果 2 次，单果率 65%～86%，示范果园化学疏花疏果用工 1～2 个/亩，比人工疏花疏果（一般需要 8～10 个工/亩）节约用工 80%以上，降低人工成本 800～1 000元/亩。

（2）苹果不套袋栽培技术。

技术介绍：苹果生产过程中，套袋是广泛应用的提高果实外观品质、减少病虫害的技术手段。随着劳动力减少，人工成本不断增加，套袋已成为造成苹果生产成本攀升的关键问题之一。苹果不套袋栽培技术是节本增效、省力化栽培的重要技术。苹果不套袋栽培技术主要包括三维立体病虫害综合防控技术体系及果面促着色、促光洁技术。三维立体病虫害综合防控制技术体系以生物防控中的性信息素监测、诱杀和迷向，精准施药等技术为核心，集成果园栽培措施中的树盘覆盖、行间生草、防鸟/雹网覆盖及果实垫果等配套技术。该技术对果园主要虫害桃小食心虫的防治效果达 91. 6%～92. 5%，梨小食心虫的防治效果达 90. 2%～94. 5%，主要病害炭疽病的防治效果达 95%以上。果面促着色、促光洁技术将果面着色指数和光洁指数较对照分别提高 9. 6%～14. 7%、13. 6%～16. 7%。不套袋苹果果实品质显著提升，可溶性固形物含量提高 14%左右，优质果率 85%以上。该技术免除苹果生产套袋环节，极大降低人工成本，提高果实内在品质，经济、社会效益巨大。

产业应用典型：目前该技术已经在栖霞、莱州等烟台苹果主产区示范应用。栖霞市观里镇潘家洼村示范园、莱州市朱桥镇琅琊岭生态农场，苹果不套袋示范园主要虫害桃小食心虫的防治效果分别为 92. 5%和 91. 6%，梨小食心虫的防治效果分别为 94. 5%和 90. 2%，琅琊岭生态农场炭疽病的防治效果为 97. 6%，果面着色、光洁指数较对照提高 12. 0%、75. 0%，可溶性固形物含量

16.6%，比套袋苹果提高13.7%。

（3）集成建立适于山东条件的现代矮砧集约栽培模式。

技术介绍：目前烟台市果园，仍以传统落后的乔砧密植栽培模式为主，生产效率和经济效益不高问题十分突出。栽培制度变革是烟台苹果提质增效的根本途径。团队集成建立适于山东条件的现代矮砧集约栽培模式，包括选用优良砧穗组合、实行宽行密植、设立支架系统、纺锤形整形、起垄覆盖+行间生草+土壤免耕，节水微灌、水肥一体化，农业+物理+生物防控与生态友好型化学防控相结合的病虫害综合防控体系，耕地、施肥、喷药、草被管理实行全程机械化。该模式示范园比常规模式提早2~3年结果，产量提高20%以上；优质果率达到85%以上；机械化水平达到60%以上。该技术引领了现代苹果栽培技术发展方向，对于烟台苹果栽培制度变革，提质增效具有重要示范推广意义。

产业应用典型：目前该技术已经在栖霞、莱州、招远等烟台苹果主产区示范园得到快速推广应用。莱州市朱桥镇琅琊岭生态农场示范园，面积600亩，第2年结果、3年亩产量482千克、4年1 620千克、5年2 100千克、6年3 045千克、7年4 218.8千克，不套袋苹果优质果率85.4%以上，可溶性固形物含量16.6%。

（4）老龄低效果园提质增效关键技术。

技术介绍：烟台市现有果园中，90%都是在20世纪80年代末和90年代初发展栽培的，其中，大约70%存在果园郁闭或严重郁闭状态，通风透光条件差，果品质量差、提高果品质量是亟待解决的问题。老龄低效果园提质增效关键技术以改善老龄低效果园风光条件为出发点，集成疏枝、缩冠、清干、铺反光膜、精准采收5项技术。该技术生产果实着色指数、可溶性固形物含量、硬度、优质果率等指标超过对照园。18年生郁闭果园改造后果实品质显著提升，着色指数95.5%，提高25.2%，可溶性固形物含量16.4%，提高8.9%、去皮硬度9.0千克/平方厘米，提高15.4%，优质果率提高11.2%。该技术显著提高老龄低效果园果品质量，对于烟台地区老龄低效果园提质增效具有重要示范推广意义。

产业应用典型：目前该技术已经在栖霞示范推广应用。栖霞市马耳山、潘家洼老龄低效更新改造示范园，18年生富士苹果，优化改造后果品着色指数95.5%，提高25.2%；可溶性固形物含量16.4%，提高8.9%、去皮硬度9.0千克/平方厘米，提高15.4%；优质果率提高11.2%。

（5）优质高档苹果标准化高效生产技术。

技术介绍：我国现有苹果栽培面积近3 600万亩，山东苹果栽培面积450

万亩，由于苹果价格的“天花板效应”，节省成本与提高质量，是当前增加苹果生产效益的两个主要途径。优质高档苹果标准化高效生产技术以现代矮砧密植集约栽培模式、优质生产综合花果管理、化学疏花疏果与免套袋栽培为核心技术，集成专用授粉树应用、壁蜂授粉、行间生草、水肥一体化、病虫害绿色防控等配套技术。该技术生产果实果形端正、果面光滑、着色全面，单果重、亩产量、商品果率等指标超过常规栽培对照园，在 4~7 年生的苹果园平均单果重 248. 9 克、亩产可到 5 000 千克、可溶性固形物 16%以上、优质果率 85%~90%的优质苹果。该技术省工省力，节本增效，仅化学疏花疏果和免套袋两项技术，每亩就能节省 5 000 元左右，引领了现代苹果栽培技术发展方向，对于我国新建果园和老果园更新改造具有重要示范推广意义。

产业应用典型：目前该技术已经在栖霞、荣成、沂水、莱州等苹果主产区示范园得到快速推广应用。莱州市朱桥镇琅琊岭生态农场，化学疏花疏果红富士示范园，面积 600 亩，平均单果重 274. 2 克、亩产量 4218. 8 千克、优质果率 85. 4%、可溶性固形物含量 16. 4%，分别比对照提高 3. 4%、12. 1%、−2. 1%和 11. 6%；化学疏花疏果与免套袋红富士示范园 100 亩，平均单果重 265. 3 克、亩产量 4 104. 2 千克、优质果率 85. 4%、可溶性固形物含量 16. 6%，分别比对照提高 9. 6%、17. 0%、−4. 7%和 13. 7%。

3. 服务支撑典型农业新型经营主体取得实际效果

本创新任务服务支撑山东通达现代农业集团有限公司和烟台泉源食品有限公司。在栖霞市官道镇姚庄村建设的苹果现代矮砧集约栽培关键技术集成示范园比常规模式提早 2~3 年结果，机械化水平达到 60%以上；在栖霞市潘家洼村、杨庄村示范推广的化学疏花疏果、果实不套袋等省力化栽培技术每亩就能节省 5 000 元左右，极大地降低经营主体生产成本，节本增效显著，不套袋栽培苹果果实品质大幅提升，可溶性固形物含量达 16. 2%，提高 13. 5%；在栖霞市潘家洼村 18 年生郁闭果园集成示范的老龄低效果园提质增效关键技术，生产出的苹果果实品质显著提升，着色指数 95. 5%，提高 25. 2%；可溶性固形物含量 16. 4%，提高 8. 9%、去皮硬度 9. 0 千克/平方厘米，提高 15. 4%；优质果率提高 11. 2%。

4. 典型照片

不套袋苹果

苹果不套袋病虫害绿色防控

化学疏花疏果技术

现代矮砧集约栽培模式

（四）薯类提质增效关键技术团队

1. 团队聚焦解决的产业关键问题

（1）种质资源引进与品种选育。山东省薯类品种单一，不能满足人们日益增长的多样化需求，与中国农业科学院甘薯研究所、蔬菜花卉研究所合作，引进甘薯、马铃薯品种（系）84 份，在邹平、泰安滕州进行产量、抗病性等综合农艺性状评价。经过马铃薯适应性筛选试验，初步筛选出 2 个高产、优质、商品性好的马铃薯品种（系）2 个；经过多点产量、品质等试验鉴定，初步筛选出高产、优质、抗根腐病的甘薯重点苗头品系 3 个。

（2）健康种薯种苗快速繁育关键技术示集成。以甘薯重大新品种济薯 25、济薯 26 为材料，开展二次剥尖、病毒抑制等脱毒技术，温室高倍快繁，烟飞虱绿色防控技术等研究，初步健康种薯种苗快速繁育关键技术规程，为新品种的快速推广及高产栽培提供健康种苗。

（3）薯类绿色高效栽培技术。针对薯类生产管理盲目，水、肥施用过量，利用效率低的问题，开展甘薯、马铃薯膜下滴灌技术研究，进行精准精量施肥灌溉，并在泗水、滕州、济南建立薯类水肥一体化种植基地 150 亩；同时进行山东丘陵地区小面积耕作使用的起垄覆膜机，小型喷药机等薯类全程机械化作业筛选，初步筛选出青岛洪株生产的起垄覆膜滴灌施肥施药一体机适宜甘薯、马铃薯的水肥一体化种植试验，推进薯类生产机械化发展。

（4）示范、推广。针对甘薯、马铃薯的产品销售混乱，标识不一，品牌不突出等问题，首先统一包装，统一标识“滕州马铃薯”，同时通过网络、微信等新媒体以及电台、电视台等传媒进行品牌宣传，提升“柳絮粉条、粉皮”“滕州马铃薯”品牌影响力。甘薯、马铃薯团队分别与泗水利丰食品有限公司、青岛春天味道农业生态食品有限公司、滕州市恒裕食品有限公司、滕州市好丽农马铃薯专业合作社对接，以打造“柳絮”牌粉皮、粉条、“春天味道”薯条以及滕州马铃薯品牌为方向，初步在泗水、滕州建立在薯类水肥一体化标准示范基地 150 亩，计划 10 月进行现场观摩、媒体宣传，在山东济宁、日照、滕州等甘薯、马铃薯主产区建立淀粉型济薯 25、鲜食型济薯 26 甘薯、马铃薯基地，形成甘薯、马铃薯优势区。

2. 重大创新成果

（1）淀粉型甘薯重大品种济薯 25。

品种主要特征：为满足甘薯加工企业的需求，山东省农业科学院作物研究所以甘薯品种济 01028 作母本，经集团杂交选育而成，2015 年、2016 年分别通过了山东省审定和国家鉴定。济薯 25 的突出优点：一是淀粉含量高，黏度大，加工粉条不断条。国家区试结果济薯 25 淀粉含量比对照品种徐薯 22 高 4 个百分点以上，平原旱地春薯 50 千克济薯 25 可产干淀粉 11～12.5 千克；且济薯 25 淀粉黏度大，非常适合加工粉条。加工的粉条不断条、光滑、耐煮、有弹性。二是增产潜力大。2013—2015 年，多点济薯 25 连续三年在国家甘薯高产竞赛中获得一、二等奖，最高鲜薯亩产达 4 000余千克，薯干亩产 1 435千克。

产业应用典型：目前，淀粉型甘薯品种济薯 25 已在山东、河南、河北、安徽、江西、山西等省市进行了推广应用。济薯 25 因本身的突出特点淀粉含量高，黏度大，加工粉条不断条，已成为国内甘薯淀粉加工企业的宠儿。山东省泗水利丰食品有限公司 2014—2017 年连续三年种植，发现济薯 25 淀粉含量比普通甘薯高 3～5 个百分点，且加工粉条不断条，企业的加工效益增加 5%以上，并将济薯 25 列为企业发展的首选品种。2018 年 3 月，泗水利丰食品有限公司独家买断济薯 25 品种权，并签订技术服务协议。2018 年在泗水、邹城等丘陵干旱地建立 3 万淀粉型甘薯济薯 25 种植基地，辐射带动枣庄、临沂、泰安种植 10 万亩以上，打造“科研单位+龙头企业+农户”全产业链一体化发展模式，实现农业提质、农民增效、企业提升。

（2）马铃薯水肥一体化。

产品主要特征：根据滕州地区的气候及生态特点，依据马铃薯对水分、营养的吸收规律，结合马铃薯病虫害的综合防控，研究集成马铃薯肥水一体化高效栽培技术。该技术一是采用马铃薯播种一体机（开沟、施肥、播种、喷药、覆土、铺设滴灌、覆膜一次完成）进行播种，省时省力，快速高效；二是采用黑白膜膜上覆土技术，通过黑白膜覆盖，前期气温低，白膜部分土壤增温快，有利于早出苗；当幼芽距离地面 2 厘米左右，膜上覆土 2 厘米，自主破膜出苗，减少人工投入，同时防治烧苗；白膜覆土后加两侧黑膜形成全黑暗环境，可以防杂草生长；生长后期，高温来临时可以降地温，促进薯块膨大；三是根据植株的生育期、生长势精准施肥灌溉，快速高效；四是可根据土传病害发生情况进行精准施肥，解决了土传病害防控的难题。

产业应用典型：该技术在滕州市恒裕食品有限公司基地进行示范推广。试验田 100 亩，示范带动 1 000亩，辐射区马铃薯播种面积 10 万亩。示范田平均亩产商品薯 4 193. 9千克，非商品薯 233. 5 千克，平均总产 4 427. 4千克，比当地普通生产田（近三年平均亩产 3 876. 5千克）增产 14. 2%。水肥一体化高效栽培技术，每亩增加滴灌设施投入 120 元，减少人工投入 320 元，减少化肥投入 180 元，共减少投入 380 元/亩，同时增加产量 550. 9 千克，按 1. 50 元/千克计算，产品收益增加 826 元/亩。每亩共增加经济效益 1 326元。

3. 服务支撑典型农业新型经营主体取得实际效果

为泗水利丰食品有限公司、青岛春天味道农业生态有限公司、滕州市恒裕食品有限公司、滕州市好丽农马铃薯专业合作社提供“健康种薯种苗快速繁育技术”“薯类水肥一体化高效生产技术”“薯类优质安全综合生产技术”“马铃薯土传病害综合防控技术”，薯块带毒率减少 90. 23%，病虫害平均防效 75. 79%，平均增收 14. 25%，增效 12. 68%。

4. 典型照片

病虫害统防统治

甘薯水肥一体化种植

济薯 25 转让授权仪式

（五）山东优质杂粮提质增效标准化生产技术团队

1. 团队聚焦解决的产业关键问题

根据山东省企业需求，筛选和培育优质杂粮新品种；通过全程机械化技术和品质提升标准化施肥技术的研究，集成杂粮标准化生产技术。在山东省杂粮主产区进行示范推广，支撑壮大山东省特色杂粮品牌，提升市场竞争力，助推山东省农业供给侧改革。

2. 重大创新成果

谷子精播简化栽培技术。

技术介绍：山东省谷子栽培面积在 100 万亩左右，由于谷子栽培方式落后，造成谷子生产难以规模化、标准化种植。节省成本与提高质量，是当前增加谷子种植效益的两个主要途径。谷子精播简化栽培技术以适宜品种选择、机械精量播种、除草剂应用、机械化收获为主要技术内容的轻简高效生产技术。与已有的谷子简化栽培技术相比，减少了除草剂施用量，降低了用种量，简化了管理环节；与谷子化控间苗技术相比，省去了化控种子处理环节，大幅降低了谷子用种量，在节本增效方面优势更为明显。该技术 2016、2017 年连续两年列为山东省主推技术，较传统操作方式省工 3～5 个，每亩节约成本 150～200 元，每亩可增产 5%～10%，经济效益显著。对于山东省谷子集约化、标准化生产具有重要的示范推广意义。

产业应用典型：目前该技术已经在长清、章丘、山亭、淄博等谷子主产区得到快速推广应用。济南市长清区祥丰源核桃种植专业合作社，拥有谷子种植基地 2 200亩，谷子精播简化栽培技术示范田 200 亩，平均亩产 400 千克左右、比对照增产 10. 2%，每亩节约劳动成本 150 元左右，经济效益显著。

3. 服务支撑典型农业新型经营主体取得实际效果

谷子精播简化栽培技术在济南市长清区祥丰源核桃种植专业合作社推广示范面积达 200 亩，平均亩产 400 千克左右，比对照增产 10. 2%，每亩节约劳动成本 150 元左右，经济效益显著。

4. 典型照片

济南市长清区谷子精播简化栽培技术示范田（田间长势）

（六）山东道地药材产业关键技术团队

1. 团队聚焦解决的产业关键问题

聚焦文登西洋参的品牌打造，分别从品牌特质指标确定、特质形成和调控入手通过土肥水失衡和调控机理、病害发生机制等关键栽培技术研究，建立起一套集成土肥水调控和生物防控等关键技术的生态栽培技术，结合初加工技术，建立起文登西洋参规范化生产技术体系。

聚焦阿胶市场的质量提升，从各类原料及产品的 DNA 提取问题入手，根据各动物源性基因组 DNA 和线粒体 DNA 序列设计通用引物和特异性探针，建立并优化动物源性鉴定的多重荧光定量 PCR 体系，与企业结合，将这一技术与企业相应工业流程对接，保障胶类原料及产品的真实性。

2. 重大创新成果

（1）西洋参培肥养地技术。

技术介绍：西洋参又称花旗参，具有补气养阴、清热生津之功效。山东威海是国内西洋参最大主产区，种植面积已达6万亩，并形成了一套独特的农田栽培西洋参的生产管理模式。目前存在的技术问题有：长期的不合理耕作、过量施用化肥农药以及连作障碍等原因，造成了农田土壤有机质含量低，养分不均衡，板结，透水透气性差；病害严重，造成大幅减产甚至绝收，并带来西洋参品质的劣化。

养地的目的是增加土壤有机质，改善土壤理化性状，改善土壤微生物群落，为西洋参生长创造良好环境条件。利用养地技术对于西洋参的保苗、"双减"、增产、提质具有重要促进作用。该项技术已经进入示范推广阶段，处于国内先进水平，2016年组织专家对养地高产地块进行验收，亩产鲜参880.6千克，具有比较高的推广价值。

产业应用典型：2016年采用该项技术的威海市文登区大水泊镇试验示范地块亩产鲜参880.6千克，高出常规生产平均水平约76%，按当年市场价格计算，可增加亩收益3万元。

（2）胶类原料及产品动物源性成分分子鉴定技术体系。

技术介绍：阿胶是我国中药的瑰宝，近年来，随着大健康产业的不断发展，阿胶作为滋补国宝越来越受到推崇。由于原料驴皮短缺和经济利益的驱使，阿胶行业出现了原料皮张有意无意地掺假现象，直接对阿胶的品质和消费者的健康产生了严重影响。针对上述问题，团队通过与企业对接，反复论证，在确保阿胶传统工艺和质量的同时，确定了以动物源性DNA分子鉴定技术体系为主的鉴别方法。该技术体系主要解决问题：一是采用快速、直观的多重实时荧光PCR定性技术，一次实验反应可同时检测原料皮张中是否含有驴、马、牛、猪四种动物源性成分。二是在阿胶及其衍生品的鉴别中，突破了阿胶产品经过深度熬制加工、高度损伤后的DNA的痕量提取和检测的技术瓶颈，解决了痕量DNA小片段提取的技术难题。三是通过核基因和线粒体遗传特点，用快速简捷的方法，解决了如何区分驴和驴骡、马和马骡的分子鉴定难题。

产业应用典型：该技术体系的应用，为行业的质量控制和质量监管提供了有力的技术支持和手段。目前，该技术体系已经运用到了包括山东省东阿国胶堂阿胶药业有限公司（简称东阿国胶堂）、山东宏济堂制药集团济南阿胶制品有限公司（简称济南宏济堂）、北京同仁堂等多家知名企业。为东阿国胶堂建立了从阿胶原料皮张到中间体到成品的全程质量监控体系，每个产品生产批次，从源头到中间体，再到成品，设置四次 DNA 现场取样点，通过全程控制确保了整个产品生产体系的质量安全。济南宏济堂根据自己的生产特点，与我团队合作建立了“DNA 分子鉴定实验室”，运用本技术体系衍生专利技术《一种快速鉴定驴皮、马皮、骡子皮的检测试剂盒》，在团队的技术指导下将原料皮张做到张张鉴定，将原料质量控制到零瑕疵。北京同仁堂以此作为其原料皮张检验的一种技术手段，已经与我团队开始合作。

3. 服务支撑典型农业新型经营主体取得实际效果

威海金颐阳药业有限公司：在文登区侯家镇建立核心示范基地 500 亩，辐射带动面积 2 600亩，基地依托协同创新任务，瞄准文登西洋参品牌建设迫切需求，重点开展西洋参调光高效栽培技术、土肥水调控关键技术、病害生物防控技术集成等方面的应用示范，打造文登西洋参绿色生态标准技术模式，塑造本产区品牌特质，为山东省名优农产品提质增效和乡村振兴提供技术支撑；荣成市安泰西洋参专业合作社新增示范基地面积 150 亩，承接了西洋参病虫害防治、西洋参专用肥等田间试验，并在当地示范了钢架结构西洋参遮阳棚，收到良好效果。合作社先后被评为国家、山东省、威海市及荣成市合作社示范社，中国科协全国科普惠农兴村先进单位。合作社法人连建祝先后荣获全国农村科普带头人、齐鲁乡村之星、中国好人等荣誉称号。

东阿国胶堂阿胶药业有限公司：产值由 2014 年的 6 200万元增至 2017 年的 3 亿元，于 2016 年成功跻身行业三甲。济南宏济堂的新增产值由 2014 年的 3 000万元增至 2017 年的 1. 5 亿元，收获了发展，收获了影响力，为企业赢得了口碑。通过此项技术体系的运用，为行业创造了 4 项发明专利，立项 4 项农业部行业标准，3 项山东省地方标准，帮助企业建立企业标准 2 项。

4. 典型照片

与荣成市共建西洋参博士工作站

采用培肥养地技术的西洋参长势喜人

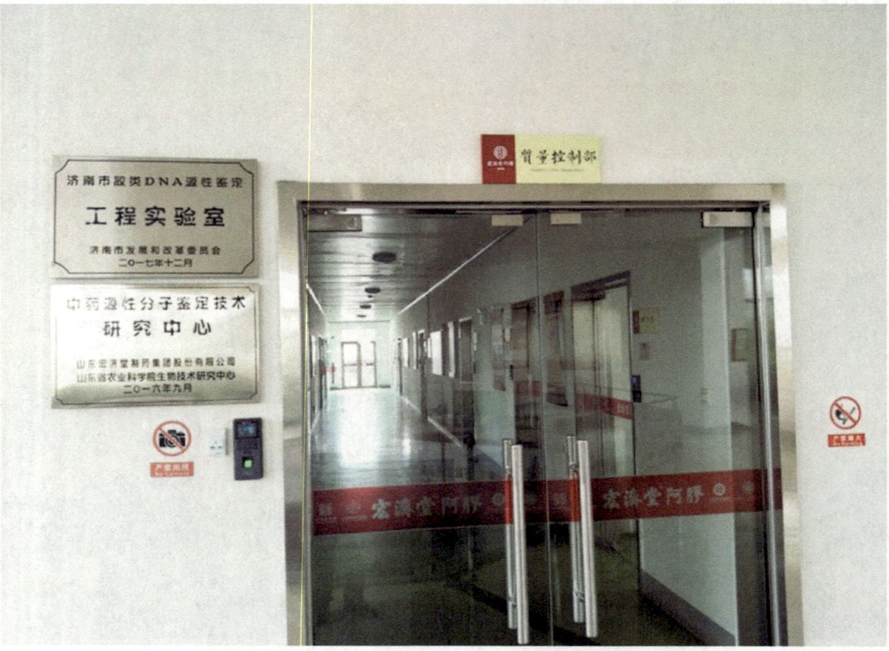

与济南“宏济堂”联合建立“中药源性分子鉴定技术研究中心”

与东阿国胶堂阿胶药业共建胶类中药 DNA 分子鉴定实验室

十六、绿色生产领域

（一）集约化种植区面源污染综合防控技术团队

1. 团队聚焦解决的产业关键问题

近年来山东省设施蔬菜种植区土壤氮磷累积严重，黄淮海地区地下水硝酸盐污染风险极高。究其原因，一是设施蔬菜种植制度单一，复种指数高，施肥严重过量，设施蔬菜每季氮磷投入量超过蔬菜养分需求量的 7.2 倍和 12.9 倍，导致氮磷在土壤中大量累积，带来极高淋溶流失风险。二是由于设施蔬菜封闭的生产环境，需要大量浇水，每季漫灌水量达 800~1 000毫米，滴灌水量 300~450 毫米，导致氮磷流失量大，地下水硝酸盐污染风险增加，面源污染负荷严重。因此，迫切需要研发设施菜地氮磷淋失削减关键技术和产品，形成完善的技术体系与模式，有效控制设施蔬菜氮磷面源污染，促进设施蔬菜产业可持续发展。

2. 重大创新成果

设施蔬菜生产氮磷污染综合防控技术。

技术介绍：山东省设施蔬菜面积 1 300 多万亩，约占全国的 1/5，是我国设施蔬菜主要产区。过量施肥和不合理的肥水管理导致土壤氮磷大量累积、地下水污染风险高，面源污染防控技术研发是降低氮磷盈余，减少地下水污染，实现减排、清洁生产的主要途径。氮磷污染防控技术以研发并应用氮磷淋失阻隔产品和氮磷增效产品为基础，集成物理阻隔、化学及生物调控、种植制度优化为核心的联合减排技术，氮磷污染防控技术实施后，极大提高作物养分利用效率，减少氮磷流失，以及减少地下水硝酸盐污染，提高了土壤质量。应用该技术，60~100 厘米土体内的硝态氮、有效磷累积量分别比对照降低 18.2%和 16.7%以上；总氮、总磷淋溶量分别比对照减少 18.6%和 31.5%以上；在不减产的情况下，每亩节本增收约 2 000元；蔬菜品质比对照显著提高，维生素 C 含量平均比对照提高 6.4%，硝酸盐含量平均降低 22.6%。该技术应用极大地降低了土壤中氮磷累积，降低了淋溶风险，提高农产品品质，确保了蔬菜产地环境安全，为我国设施蔬菜的绿色发展提供技术支撑。

产业应用典型：目前该技术已经在兰陵、临淄、德州典型设施蔬菜主产区推广应用。技术示范基地面积约 3 000亩，示范区 0~1 米土体硝态氮、有效磷累积量分别比对照降低约 73.2 千克/公顷、65.1 千克/公顷；示范区氮、磷淋失量减少约 3 760 千克和 860 千克；蔬菜每亩收益比对照提高约 5 000元，种植制度优化后平均每亩增收约 5 500元。示范基地带动周边设施蔬菜种植面积 300 多万亩。农民的经济效益和产区环境效益得到了显著提高。

3. 服务支撑典型农业新型经营主体取得实际效果

（1）培训农民，提高农民绿色安全生产意识。从多渠道、全方位向广大农民进行宣传和培训，进一步提高农民的环保意识，自 2016 年来举办各种培训及技术示范推广活动 6 次，培训农民 2 000人次；让老百姓切实了解到我国农业面源污染的基本情况以及政策导向，极大地提高了公民农业面源污染防控意识，增强了广大农民的污染判别和防控技能。

（2）建立技术推广基地，带动山东两个典型蔬菜产区发展。山东省两大蔬菜供应基地，分别是以临淄—寿光模式为代表的供应京津冀等北方市场的设施蔬菜生产基地和以兰陵为代表的主要供应上海、长三角地区菜市场的蔬菜生产基地。在山东省两大典型蔬菜生产基地上分别联合临淄东科蔬菜专业合作社和兰陵县鸿强蔬菜产销合作社建立 2 处技术推广基地，带动山东设施蔬菜可持续清洁生产，提高产地环境质量。

4. 典型照片

设施蔬菜氮磷防控技术淋溶水监测

设施蔬菜氮磷污染防控物理阻隔技术

（二）主要作物病虫害绿色防控团队

1. 团队聚焦解决的产业关键问题

主要农作物病虫害绿色防控团队重点通过系统评估绿色防控技术对主要农作物重大病虫害的防控效果，根据主要农作物不同生育期病虫害发生为害特点，优化和组装绿色防控关键技术，形成全程绿色防控技术模式，可以大量减少化学农药的使用量，保障山东省小麦、玉米、苹果、番茄等主要农作物生产的可持续发展。

2. 重大创新成果

（1）粮棉重大害虫区域性持续治理技术。

技术介绍：创新团队在阐明新形势下山东大宗粮棉作物主要害虫在农田景观中的转移扩散过程、灾变规律与机制基础上，研发出二点委夜蛾、双委夜蛾和绿盲蝽等新成灾害虫监测预警技术和防治指标，创新了功能植物、组合天敌释放、隐蔽施药、浅旋耕除虫等关键防治技术及系列专利产品，集成了“前期隐蔽施药持效控制、后期助增或释放天敌压制、应急高效化学调控”的大宗粮棉作物重大害虫区域性持续治理技术体系，大面积推广应用，对小麦、玉米、棉花主要害虫防治效果达90%以上，减少化学杀虫剂用量30%~50%，为我国实现2020年农药使用量零增长提供了成功经验。

产业应用典型：目前该技术已经在栖霞、荣成、沂水、莱州等苹果主产区示范园得到快速推广应用。莱州市朱桥镇琅琊岭生态农场，化学疏花疏果红富士示范园，面积600亩，平均单果重274. 2克、亩产量4 218. 8千克、优质果率85. 4%、可溶性固形物含量16. 4%，分别比对照提高3. 4%、12. 1%、-2. 1%和11. 6%；化学疏花疏果与免套袋红富士示范园100亩，平均单果重265. 3克、亩产量4 104. 2千克、优质果率85. 4%、可溶性固形物含量16. 6%，分别比对照提高9. 6%、17. 0%、-4. 7%和13. 7%。

（2）苹果和梨早期落叶病流行、预测与精准防控。

技术介绍：针对导致苹果和梨早期落叶了主要病害，开展系统而深入的研究，经20余年攻关，取得创新成果如下。

（1）澄清了导致中国苹果早期落叶的主要病害是褐斑病和炭疽叶枯病；导致梨树早期落叶的主要病害是黑星病和锈病。研究发现一种由炭疽病菌侵染，导致苹果叶片焦枯症状的新病害“炭疽叶枯病”，为病害的早期发现和早期预防提供了依据。提出了基于病菌繁育结构为识别特征的田间快速诊断方法。

（2）明确五种早期落叶病的流行灾变机制及导致病害流行成灾的关键时期和主导因子；明确了梨黑星病组织学侵染过程和梨树的抗性机制，为病害的有效防控提供了理论和依据。

（3）研建了五种早期落叶病的侵染预测模型，研发了基于远程自动气象监测数据实时预测黑星病菌相对侵染量的预测软件及可向用户发送预警短信的侵染测报器；发展了简易的侵染预测方法，为病害的有效防控提供方法和工具。

制定了早期落叶病的“侵染关键期保护，病菌侵染后铲除，休眠期清园”的精准防控策略，完善周年防控方案，筛选出高效防治药剂，应用后取得显著效益。

产业应用典型：成果已在我国苹果主产区广泛应用。其中，在山东推广 506 万亩，培训果农 3.9 万人次，将苹果和梨的早期落叶率控制在 5%以下，化学农药剂的投入量减少 30%。

3. 服务支撑典型农业新型经营主体取得实际效果

主要农作物病虫害绿色防控（CXGC2016B09）团队在栖霞国家现代农业产业园的烟台泉源食品有限公司苹果生产基地开展了矮化密植苹果园病虫害精准监测与防控技术示范，在试验示范苹果园中，应用病虫害远程监测、精准防治技术，与常规防治相比，化学防治次数减少了 2~3 次，化学农药投入量减少了 30%~40%，带动了周边果业公司、果业合作社等新型农业生产主体，为山东省苹果产业转型升级提供了重要的技术支撑。

4. 典型照片

冬季果园管理

（三）油料作物节本增效绿色生产技术团队

1. 团队聚焦解决的产业关键问题

花生是山东省的主要油料作物和经济作物，年调出量达 80 万吨。在保证我国食用油供给安全方面起到越来越重要的作用。但目前花生生产中存在投入成本过高、比较效益不高、粮油争地、农药和化肥等化学品投入量过大等问题。通过本项目实施拟解决以下关键科技问题。

一是用种量大、成本高，群体质量差。基于花生无限开花、单株生产潜力大的特性，提出“单粒精播、健壮个体、优化群体”，创建出单粒精播高产栽培技术体系。

二是常年单一的小麦—玉米一年两熟种植方式导致氮肥偏施、土壤板结、地力下降，种植成本不断加大，单产提高难度逐年增加。

三是病虫害防控中农药残留严重，环境压力大。病虫害绿色防控是促进农作物安全生产，减少农药使用量为目标，采取生态控制、生物防治、物理防治、科学用药等环境友好型措施来控制有害生物的有效行为，采用食诱剂、性诱剂等生物防治技术进行病虫害绿色防控，实现农药减施。

四是我国人多地少，决定了我国高投入高产出的集约化生产体系，要确保粮食持续高产、肥料养分高效、生态环境安全多重目标的实现，必须根据我国国情，推广应用化肥减施增效关键技术。本项目主要任务之四，研发新型缓控释肥并运用水肥一体化技术，达到全程可控施肥的目的，实现肥料减施。

2. 重大创新成果

花生单粒精播节本增效高产栽培技术。

技术介绍：花生常规种植方式一般每穴播种 2 粒（或 3 粒），以确保（增加）收获密度。但随着生产水平的提高，高肥水地块花生群体与个体矛盾突出，且易早衰，限制了花生产量进一步提高。单粒精播能够保障花生苗全、苗齐、苗匀、苗壮，提高幼苗素质，易构建理想株型。再配套适宜的密度、优化肥水、适期化控、中耕培土等措施，能够显著提高群体质量和经济系数，有效解决花生生产中存在的花多不齐、针多不实、果多不饱的主要问题，充分挖掘花生高产潜力，同时节约用种，对进一步提高我国花生生产水平，具有十分重要意义。单粒精播技术与传统穴播 2 粒播种相比，垄距由 90 厘米减小到 80~85 厘米，穴距由 16~18 厘米减小到 10~12 厘米，每穴由 2 粒减为 1 粒，每亩由 0.8 万~1.0 万穴增加到 1.3 万~1.7 万穴，密度减少 3 000~4 000株。明确了“精选种子、精细包衣、精耕整地、精准播种”是单粒精播一播全苗壮苗的关键，出苗率达到 96%以上，比对照提高 10 个百分点以上；提前封垄 7~10 天，延缓衰老 10~15 天，有效增加了光合面积和光合时间。

产业应用典型：本团队选用 30 多年前的老品种海花 1 号培创单粒精播高产攻关田，连续 3 年实收超过 750 千克/亩，其中 2015 年 9 月 23 日，农业部种植业司委托全国农技推广中心组织国内有关专家，对平度古岘镇的单粒精播高产攻关田进行实打验收，亩产达到 782.6 千克，再次刷新花生高产纪录。2011—2018 年连续 8 年被列为山东省农业主推技术，颁布了国家农业行业标准（NY/T 2404—2013），2015—2018 年连续 4 年被列为农业部主推技术，在全国进行了大面积推广应用。其中，山东省从 2011 年以来通过技术培训、示范等措施，至 2017 年累计推广 1 487.3万亩，平均亩增产荚果 28.9 千克、节种 20%、增效 217.62 元，共增产荚果 42 982.97万千克，节种 7 436.5万千克，新增经济效益226 566.36万元，经济和社会效益显著。

3. 典型照片

双粒穴播　　单粒精播

花生单粒精播苗期差异及大田长势

2015年青岛平度实打验收

2016 年新疆实打验收

十七、智慧农业领域

（一）都市现代农业关键技术研究团队

1. 团队聚焦解决的产业关键问题

围绕解决济南市都市现代农业发展模式创新及多元化功能拓展需求，重点解决都市现代农业发展新模式新业态以及配套关键技术集成问题。

2. 典型示例

香草庄园创意发展模式介绍：借鉴国内外著名庄园发展经验，深入挖掘香草文化，以创意为切入点，以爱情为主题，通过对香草文化的包装和利用，塑造普罗旺斯式的浪漫氛围，研究提出香草种植、加工提炼、休闲旅游、体验、娱乐、疗养、艺术创作、摄影服务、学术研究等多功能于一体的香草庄园创意发展模式，实现香草庄园一二三产业融合发展。

产业应用典型：在济南紫缘香草园建立试验示范基地 1 000亩，将紫缘香草园打造成为济南都市圈高技术、高品质、高颜值、高融合、多功能的香草庄园样板区，带动香草园休闲观光旅游人数年增加 10 万人，增加经济效益 800 万元，带动香草园经济效益大幅提高。团队服务支撑济南紫缘香草园，建立香草庄园试验示范基地 1 000亩，合力打造济南都市圈高端香草主题庄园，带动香草园旅游人数迅速增加，经济效益大幅提高。

3. 典型照片

紫缘香草园香草种植布局

紫缘香草园创意农业

紫缘香草园创意景观

（二）精准农业关键技术研究团队

1. 团队聚焦解决的产业关键问题

作为苹果生产大省，山东苹果产业健康发展还存在许多瓶颈问题，一方面山东果树生产过程相对粗放，肥料施用过量，水资源利用效率低下等问题非常突出，影响了苹果产量与质量的进一步提高；另一方面，果品采后商品化处理与国外相比还存在很大差距，大部分果品未经加工或仅经过简单的粗加工即进入消费市场，包装不标准，质量不稳定，农产品的增值程度低，大大降低了市场的竞争力，影响了山东省果农的收入。为此着重解决以下两个产业关键问题。

（1）解决现代果园水肥一体化的精准管控技术问题，利用物联网、大数据、自动控制等信息技术，进行苹果园生产全面感知、水肥精准施用决策分析与精准施用控制等研究，提高水肥利用效率。

（2）解决产后果品智能分级技术问题，利用机器视觉、高光谱分析、智能控制等技术，进行苹果品质特征提取、分级控制算法、智能分级控制装置等研究，实现苹果品质在线实时分级，增加产品附加值，提高市场竞争力。

2. 重大创新成果

现代果园精准化管理关键技术。

技术介绍：山东是我国北方地区重要的果品生产基地之一，特别是苹果产业在全国占有重要的地位。基于人们对苹果品质需求的细致化，果园水肥的精准施用与品质的精选分级是当前提高苹果产量与质量的两个主要途径。现代果园精准化管理关键技术以农业物联网精准感知、机器视觉和智能控制为核心技术，集成果园微域环境信息精准感知、果园生产智能决策、水肥精准施用装备、果品品质在线监测等技术构建果园生产智能化管理服务平台。该技术根据苹果树根系分布特点、土壤墒情、自然降水、目标产量、需水需肥规律等，制定灌溉施肥制度，能够满足苹果不同生育期对水分和养分的需要，保证水分和养分适时、适量地集中供给在根系主要分布区。实现了水肥同步管理和高效利用，显著提高水肥的利用率，提高果品的附加值和市场竞争力，进一步推动区域农业智能化和信息化建设服务，有力地支撑了山东省现代农业发展。

产业应用典型：目前该技术已经在栖霞、邹城、阳谷等苹果主产区示范园得到快速推广应用。烟台栖霞市官道镇姚家庄基地，精准农业关键技术核心示范 500 亩，阳谷苹安耶果农业科技有限公司精准农业关键技术核心示范 2 300 亩和邹城市孟里山乐林果有限公司核心示范 530 亩，针对性选择滴灌先进、高效的灌溉方式，将果园实时需水需肥信息进行决策，精准地灌溉与施肥，实现了水肥同步管理和高效利用，有效实现了输水管网化、管理自动化、灌溉适量化、水肥精准化，节水、节肥，省工、省力，增产增收，经济效益明显提高。灌溉水有效利用系数可达 0. 9；较传统管理果园，化肥利用率提高 25 个百分点左右，产量提高 10%以上，优质果率提高 15%～20%，单位面积经济效益提高 15%以上，投入产出比提高 18%左右。

3. 服务支撑典型农业新型经营主体取得实际效果

技术服务于苹果主产区烟台栖霞的山东通达现代农业集团有限公司、聊城的阳谷苹安耶果农业科技有限公司和邹城市孟里山乐林果有限公司等现代农业示范园，针对性选择先进、高效的灌溉方式，将果园实时需水需肥信息进行决策，精准地灌溉与施肥，实现了水肥同步管理和高效利用。灌溉水有效利用系数可达 0.9；较传统管理果园，化肥利用率提高 25 个百分点左右，产量提高 10%以上，优质果率提高 15%～20%，单位面积经济效益提高 15%以上，投入产出比提高 18%左右。

4. 典型照片

苹果园精准管理信息系统

微域环境精准获取系统安装与调试

在烟台苹果主产区栖霞建立的大型示范基地

（三）蔬菜秸秆肥料化利用智能装备关键技术研究团队

1. 团队聚焦解决的产业关键问题

解决蔬菜秸秆废弃物循环利用技术与模式缺乏、装备技术水平不高、无典型示范应用案例借鉴等制约我国蔬菜种植业可持续发展的重大产业关键技术问题。具体解决以下几个方面的问题。

（1）解决蔬菜秸秆等秸秆类废弃物的减量化预处理粉碎、清塑除杂、快速腐熟堆肥等关键参数影响机理和工艺不明，缺少成熟的蔬菜秸秆等秸秆类废弃物快速减量化、无害化处理与资源化利用模式和技术的问题。

（2）解决现有秸秆粉碎与快速堆肥装备技术水平不高、可靠性差、通用性不强、自动化程度低、产量和效率低、各设备间参数不匹配，缺乏规模化、就地化、轻简化等秸秆类废弃物快速减量化、无害化处理与资源化利用成套装备的问题。

（3）解决无可复制、可推广的成熟技术模式和典型示范应用案例可供借鉴，缺乏成熟的“蔬菜秸秆减量化、无害化处理与资源化利用”机械化技术体系的问题。

2. 重大创新成果和产业示范典型

（1）重大创新成果。

①初步创新了蔬菜秸秆工厂化肥料化处理与循环利用模式和技术，为蔬菜秸秆堆肥利用提供了新途径和新方法，解决了蔬菜秸秆等废弃物还田利用的机械化、减量化、无害化难题。

②初步探索了“政府+环卫+村两委（合作社）+企业”的蔬菜秸秆废弃物环卫一体化收贮模式和“政府补贴+种植户运送+企业”的财政补贴辅助种植户的秸秆置换有机肥收贮模式，解决了蔬菜秸秆废弃物离地（棚）难的问题。

③初步研制了秸秆揉搓粉碎、多级静电吸附筛分式绳膜分离作业成套装备，创建了蔬菜秸秆高效清塑减量化处理模式，解决了蔬菜秸秆与塑料绳、膜分离难，后续利用难的问题。

④初步研发了蔬菜秸秆工厂化处理利用关键装备，包括蔬菜秸秆大型立式粉碎机、强力混合搅拌机、破碎链板翻抛机等，填补了国内空白，为蔬菜秸秆等农牧废弃物产业化、规模化、快速肥料化循环利用提供了强有力的机械装备支撑，但还需进一步优化提升，增强智能化控制等功能。

⑤在典型区域建立推广示范基地，实现了机械装备与技术模式的成果转化与应用，形成了蔬菜秸秆肥料化利用成套的机械化技术体系。

（2）产业示范典型。

①蔬菜秸秆等农牧废弃物肥料化利用系列化成套装备

主要机械装备：针对蔬菜秸秆等废弃物肥料化循环利用的需要，开发了蔬菜秸秆类大型立式粉碎机、蔬菜秸秆多级静电吸附筛分清塑除杂成套装备、秸秆堆肥定量给料机、双轴桨叶强力混合搅拌机、智能自动化槽式发酵自动穿梭布料系统、宽槽链板连续化槽式发酵堆肥翻抛机、智能化槽式堆肥增氧曝气系统、自动化出料系统、有机肥分选包装加工生产线装备等，实现了秸秆类废弃物与粪便一体化高效槽式堆肥机械化，形成了工厂化槽式连续化堆肥的机械化技术体系。

产业应用典型：目前，秸秆类废弃物与粪便类农牧有机固体废弃物堆肥系列化成套装备的粉碎机、撒肥机、筛分机、半湿物料粉碎机、翻抛机、布料机、有机肥颗粒机等已经在山东、河南、安徽等相关企业通过合作协同等方式进行了技术推广应用，取得了较好的效果。山东双佳农牧机械科技有限公司发挥科研院所经营企业的优势，结合承担的纵向课题项目，先后利用团队技术开发了秸秆粉碎机、筛分机、固液分离机、半湿物料粉碎机、颗粒机、撒肥机等产品。2015—2016 年新增销售额 780 多万元，利税 150 多万元；2017 年新增销售额 480 多万元，利税 90 多万元。青岛永正化工机械有限公司充分发挥市场开拓优势，结合市场需求，与团队合作，通过联合研制关键装置、关键装备试制和优化提升，采用关键技术开发了秸秆粉碎机、清塑揉搓机、定量给料机、混合搅拌机、槽式翻堆机、发酵料破碎分选机组、粉状有机肥分选包装机组等产品，2015—2016 年实现销售收入 8 000多万元，利税 1 600多万元；2017 年新增销售收入 6 000多万元，利税 1 200多万元。

②蔬菜秸秆肥料化利用技术模式

技术介绍：通过对蔬菜秸秆环卫一体化收贮运模式和秸秆置换有机肥模式的探索实施，形成了“政府+环卫+村两委（合作社）+企业”的蔬菜秸秆废弃物环卫一体化收贮模式和“政府补贴+种植户运送+企业”的财政补贴辅助种植户的秸秆置换有机肥收贮模式，解决了蔬菜秸秆废弃物离地（棚）难的问题；将收贮离地离田的秸秆通过团队研发的大中小型系列化秸秆粉碎机进行减量化粉碎预处理，并利用团队研发的多级静电吸附筛分成套机组进行秸秆与塑料薄膜、塑料绳的分离，为蔬菜秸秆等废弃物的肥料化利用提供了原料快速减量化预处理分拣的技术和装备支撑；对预处理后达到堆肥要求的秸秆通过团队开发的工厂化秸秆槽式堆肥成套装备进行快速堆肥，将蔬菜秸秆废弃物变废为宝，成为改良土壤、增加土壤有机质、提高作物品质的秸秆生物有机肥，为保障食品安全，持续式生态循环农业的发展提供强大的能量支撑。最终形成了国内首创的蔬菜秸秆工厂化肥料化利用技术模式和机械化技术体系，为我国蔬菜产业生态循环持续化发展提供了成功模式支撑和保障。

主要优点：多元作物（蔬菜等）秸秆收集模式多样化，粉碎预处理适应秸秆种类多，清塑除杂率高，粪水无害化处理利用率高，槽式堆肥自动化与智能化程度高，处理利用规模大，腐熟度高，堆肥效果好，养分利用率高。

适用范围：适用于设施蔬菜集中种植区域，非饲料用农业秸秆、果园及园林等副产物集中区域的各种规模农牧废弃物就近处理工艺，需要该区域内相配套的农田回用生产的有机肥政策。

产业应用典型：目前该技术已经在我国最大的蔬菜种植基地寿光、青州以及种植农业典型县博兴、北京大兴园林蔬菜废弃物处理中心、蔬菜与作物种植区安徽芜湖等地得到快速推广应用。青州市谭坊镇及周乡镇以茄子、辣椒和西瓜两季蔬菜倒茬种植，青州市通过技术引进招商引资，采用团队关键技术与模式，建立了以“山东沃泰生物科技有限公司”为中心的“企业+养殖场+蔬菜种植户”的蔬菜秸秆与畜禽养殖粪便一体化、工厂化、肥料化快速堆肥处理利用的生态循环产业链，年可处理谭坊及周边20千米内的蔬菜秸秆（含尾菜）废弃物近30万吨，畜禽养殖粪水10万余吨，生产秸秆类高钾生物有机肥10万吨，满足当地及周边3万亩蔬菜及其他作物有机肥需求，支持了生态蔬菜产业链的良性发展，保障了安全蔬菜产品的安全生产。寿光市古城街道及周边乡镇，主要以西红柿及香瓜种植为主，采用团队“政府补贴+乡村定点收贮+企业+养殖场+蔬菜种植户运送”的模式，将秸秆废弃物收集运送到处理中心，利用“政府财政+环卫+企业+用户”联动机制，一卡领取补贴及有机肥置换，解决了蔬菜秸秆离棚难、离地难、离村难的“三难”瓶颈，采用团队整池深池好氧发酵规模化、工厂化堆肥关键技术与模式，建立了以“山东泰昌生物科技有限公司”为龙头企业的蔬菜秸秆废弃物肥料化利用产业基地，年可堆肥处理秸秆废弃物（含尾菜）30万吨以上，畜禽养殖粪水15万余吨，生产秸秆类高钾生物有机肥10万吨，支持了当地及周边3万余亩番茄、甜瓜、香瓜等蔬菜及其他作物种植有机肥需求，减少了化肥和农药使用，效果显著。（博兴京博集团）山东博华高效生态农业科技有限公司采用团队关键技术与模式，建立了年堆肥处理玉米秸秆15万吨、畜禽粪尿5万吨、人粪尿3万吨，年生产高钾、高氮生物有机肥5万吨的秸秆有机肥生产基地，解决了玉米种植大县博兴的秸秆循环利用难题，有力地支持了当地发展生态循环农业和土地改良、增加有机质和减肥减药快速推进，保障了粮食安全可持续生产安全。蔬菜秸秆肥料化利用关键装备与技术应用后实现了蔬菜种植区秸秆废弃物的高效生态循环利用，秸秆利用率提高50%、病虫害降低40%、减少化肥用量20%，有力支持了当地循环农业的健康发展。目前该关键技术成果已经辐射山东省、河北省、江苏省、黑龙江省、吉林省、辽宁省、河南省、安徽省等地，得到各级主管部门和行业认可并复制推广应用。

3. 服务支撑典型农业新型经营主体取得实际效果

在农业废弃物机械装备制造企业，该装备技术成果转化农机产品22种，随着农牧废弃物肥料化处理与循环利用模式在典型区域复制推广应用，近三年累计销售各类农机产品3 753台套，新增销售额8.1亿元、新增利润1.01亿元、新增税收0.52亿元；在农业废弃物制肥企业，该装备技术成果转化为多个工厂化蔬菜秸秆肥料化利用基地，累计销售121.6万吨有机肥（有机肥企业免交增值税），新增销售额16.25亿元、新增利润4.05亿元。

4. 典型照片

山东沃泰生物科技有限公司蔬菜秸秆预处理区

大型立式秸秆粉碎机

槽式堆肥车间进料和翻堆系统

堆肥车间出料系统